EL DECRETO DE ISRAEL

EL DECRETO DE ISRAEL

AMIR TSARFATI

ORIGEN

Título original: *The Israel Decree*

Primera edición: junio de 2025

Copyright © 2025, Amir Tsarfati
Todos los derechos reservados.

Publicado por ORIGEN®, marca registrada de
Penguin Random House Grupo Editorial USA, LLC
8950 SW 74th Court, Suite 2010
Miami, FL 33156

Traducción: Marina Lorenzín
Copyright de la traducción © 2025 por Penguin Random House Grupo Editorial

Imágenes cubierta: © FrankRamspott / Getty Images;
railway fx, DanaNguyen / Shutterstock

A menos que se indique lo contrario, las citas de las Escrituras están tomadas de la Santa Biblia, Nueva Versión Internacional®, NIV®. Copyright ©1973, 1978, 1984, 2011 por Biblica, Inc.™ Usado con permiso de Zondervan. Todos los derechos reservados.

Penguin Random House Grupo Editorial apoya la protección de la propiedad intelectual y el derecho de autor. El derecho de autor estimula la creatividad, defiende la diversidad en el ámbito de las ideas y el conocimiento, promueve la libre expresión y favorece una cultura viva. Gracias por comprar una edición autorizada de este libro y por respetar las leyes del derecho de autor al no reproducir, escanear ni distribuir ninguna parte de esta obra por ningún medio sin permiso previo y expreso. Al hacerlo está respaldando a los autores y permitiendo que PRHGE continúe publicando libros para todos los lectores. Por favor, tenga en cuenta que ninguna parte de este libro puede usarse ni reproducirse, de ninguna manera, con el propósito de entrenar tecnologías o sistemas de inteligencia artificial ni de minería de textos y datos.

Impreso en Colombia / *Printed in Colombia*

Información de catalogación de publicaciones disponible
en la Biblioteca del Congreso de los Estados Unidos

ISBN: 979-8-89098-271-1

25 26 27 28 29   10 9 8 7 6 5 4 3 2 1

Dedico este libro al Dios todopoderoso, quien ha trazado mi camino y me ha dado la fe para recorrerlo. A ti, y solo a ti, sea toda la gloria.

También lo dedico a mi pueblo y a nuestra tierra. Dios nos hizo una promesa hace miles de años, y hoy sigue siendo fiel a ella. Tú y yo somos la prueba viva de esa verdad. Mi oración es que no solo reconozcas a Dios como el ser poderoso que es, sino que también descubras que Él desea una relación cercana y personal contigo, una relación que puede encontrarse en Yeshúa, el Mesías.

Por último, dedico este libro a los valientes defensores que se levantan en favor de Israel día y noche. Su firmeza y determinación no se ven quebrantadas por el engaño ni la confusión. Que todos ellos puedan tener un encuentro personal con el Mesías de Israel y lleguen a creer en Él como su Señor y Salvador.

AGRADECIMIENTOS

Ante todo, quiero agradecer al Señor por Su fidelidad durante este último año y medio. Tú protegiste a mi familia y a mí mientras mi nación estaba en guerra. Qué bendición es reconocer que Tú eres quien pelea nuestras batallas.

Quiero expresar mi gratitud a Steve Yohn por su ayuda en la redacción de este libro. Estoy profundamente agradecido por su habilidad para tomar mis pensamientos y ponerlos por escrito.

Agradezco de corazón a mi esposa, Miriam, a mis cuatro hijos y a mi nuera. Incluso en los momentos difíciles, nos hemos mantenido fuertes como familia. Me siento inmensamente bendecido por tenerlos en mi vida.

Quiero agradecer a mi equipo de Behold Israel por su amor, apoyo y dedicación: Mike, H. T. y Tara, Gale y Florene, Donalee, Joanne, Nick y Tina, Jason, Abigail, Kayo, Rebecca y Steve. Ustedes son el pilar fundamental de este ministerio, y su compromiso con seguir la voluntad de Dios nos mantiene en el camino correcto.

Un agradecimiento especial a los muchos traductores que han hecho posible que mis mensajes en YouTube estén disponibles en 20 idiomas distintos, así como a los coordinadores del ministerio en todo el mundo que aseguran el buen desarrollo de nuestras conferencias.

Gracias a Bob Hawkins Jr., Steve Miller, Kim Moore y al increíble equipo de Harvest House por todo su arduo trabajo para hacer realidad este libro.

Finalmente, mi más sincero agradecimiento a los cientos de miles de seguidores, compañeros de oración y colaboradores del ministerio Behold Israel. Este ministerio no existiría sin ustedes.

ÍNDICE

El dilema que enfrentamos 9

1. Un regalo del mundo para el mundo 19

2. Una promesa eterna 35

3. Un fundamento sólido y duradero 55

4. No se puede «desisraelizar» a Israel 79

5. Dos pueblos, dos planes, un destino 101

Notas 125

ÍNDICE

EL DILEMA QUE ENFRENTAMOS

Es una hermosa mañana de primavera. Eres el primero en levantarte y entras a la cocina en pantuflas. Tras moler rápidamente el café, presionas el polvo marrón e intenso en la cafetera exprés. Mientras esperas a que el líquido oscuro caiga en la taza, piensas en tu día. Va a ser un buen día. Hay mucho por hacer en la oficina, y todo es positivo. Mientras espumas un poco de leche y la viertes en el expreso, la anticipación por el primer sorbo del día crece. El aroma te envuelve al acercar la taza a tus labios, pero antes de probar el primer sorbo, suenan las sirenas.

¡Cohetes! ¡Se acercan!

La diminuta taza vuelve a la encimera mientras comienzas a llamar a tu familia. «¡Todo el mundo arriba! Tenemos que ir al refugio antibombas. ¡Deprisa, no hay mucho tiempo!».

Rápidamente, observas que las puertas se abren y cuentas a los miembros de la familia que salen corriendo. Una vez que todos han salido, los sigues, asegurándote de que no se hayan olvidado de ninguna mascota en el ajetreo. El refugio es frío y austero, pero seguro. Allí, sentado, bromeas nerviosamente con tu familia mientras oras para que el próximo estruendo que escuches sea la señal de «todo despejado» y no una explosión. Mientras tanto, la taza de café se enfría en la encimera de la cocina, olvidada.

¿DE QUIÉN ES ESTA TIERRA?

Bienvenido a mi vida y a la de la gran mayoría de los israelíes. No sé si seguiremos en estado de guerra cuando leas esto, pero, sin duda, lo estamos ahora. Esta guerra es una de las más controvertidas. Hay quienes afirman que no tenemos derecho a luchar como lo estamos haciendo. De hecho, aseguran que ni siquiera merecemos vivir donde estamos habitando. «Los judíos, bajo los auspicios del sionismo, llegaron y robaron la tierra a los desventurados palestinos, y luego expulsaron a esos legítimos propietarios para convertirlos en refugiados internacionales».

Por el contrario, muchas personas en el mundo consideran que estamos justificados para llevar a cabo esta guerra. Sin embargo, incluso dentro de este grupo hay divisiones. Algunos creen que debemos ir con todo y terminar el trabajo, sin importar el costo. Otros opinan que nuestras respuestas en Gaza y Líbano son desproporcionadas. Argumentan que necesitamos menos bombas y más ayuda humanitaria. Y, ya que estás, ¿te importaría disparar alrededor de los escudos humanos y atacar únicamente a los malos?

Otra cuestión que divide tanto a los defensores de la guerra como incluso a algunos de los grupos en contra de ella es si Israel realmente tiene derecho a esta tierra, ¿por qué? ¿Se debe al derecho de conquista? ¿Fue adquirida de manera legal mediante

El dilema que enfrentamos 11

compra? ¿La legitimó el mandato de las Naciones Unidas que reconoció su propiedad? ¿O hay algo más profundo, algo bíblico, algo divino? Esta división también está presente dentro de la Iglesia. Algunos señalan el pacto con Abraham y afirman: «Dios entregó esta tierra a los descendientes de Abraham, los judíos, también conocidos como Israel». Otros responden: «Es cierto que lo hizo, pero el pueblo de Israel, debido a su idolatría e incredulidad, anuló ese pacto». O incluso: «Sí, la tierra fue dada para siempre a los "descendientes de Abraham". Sin embargo, esas dos palabras pueden no significar lo que crees que significan».

Aquí es donde encontramos el eje de este libro. Al examinar las Escrituras, vemos una razón clara por la que los judíos están en Israel: Dios les ha dado esa tierra. De hecho, incluso otorgó a los descendientes de Abraham ese mismo nombre. Cuando Jacob estaba a punto de encontrarse con su hermano mayor, Esaú, de quien se había distanciado tras haberlo engañado años atrás para robarle su primogenitura y su bendición, Dios aprovechó la oportunidad para preparar primero al hermano menor. La noche previa al posible conflicto, el Señor se presentó en una teofanía, o manifestación humana, y libró un combate de lucha libre con el patriarca. Tras derrotar a Jacob dislocándole la cadera, leemos que Dios le dio un nuevo nombre a su oponente:

> Y dijo [Dios]: Déjame, porque raya el alba. Y Jacob le respondió: No te dejaré, si no me bendices. Y el varón le dijo: ¿Cuál es tu nombre? Y él respondió: Jacob. Y el varón le dijo: No se dirá más tu nombre Jacob, sino Israel; porque has luchado con Dios y con los hombres, y has vencido. (Génesis 32:26-28)

EL DECRETO DE ISRAEL

Israel son los judíos, y los judíos son Israel. No hay diferencia. Y ese pueblo judío comparte la misma herencia y etnia que el de los tiempos de los patriarcas, del peregrinaje por el desierto, del reino unido, del reino dividido, del exilio, del período postexílico, de la época de Jesús, de la Iglesia primitiva, de la Edad Media, del Imperio otomano, del Mandato británico y, ahora, en el Estado de Israel reconstituido. No hubo una ruptura de dominio ni un cambio en los grupos humanos. El pueblo al que se le dio la promesa hecha a Abraham es el mismo que habita Israel hoy.

¿Cumple el Israel moderno la esperanza contenida en el decreto dado a Abraham en Génesis 12:1-3? Sí y no. Llegaremos a eso más adelante en el libro. Sin embargo, no hay duda de que, si Abraham caminara por las calles de la actual Tel Aviv, probablemente se daría una palmada en la frente y diría: «¡*Oy vavoy*! ¿Qué he engendrado?». Aun así, ni los pecados del presente ni los del pasado son suficientes para invalidar una promesa de Dios. Como escribió Pablo a los romanos: «¿Pues qué si algunos de ellos han sido incrédulos? ¿Su incredulidad habrá hecho nula la fidelidad de Dios? De ninguna manera; antes bien sea Dios veraz, y todo hombre mentiroso» (Romanos 3:3-4).

No obstante, hay muchos en la Iglesia que no creen esto. Algunos sostienen que la promesa de Dios a Abraham era condicional, otros que era solo espiritual, o incluso que todo formaba parte de un gran plan para reemplazar a los «escogidos de Dios» con la era de la Iglesia. Esta doctrina continúa propagándose rápidamente dentro del cuerpo de Cristo, pero no es nueva. A lo largo de la historia de la Iglesia, muchos han intentado borrar la relevancia actual de Israel.

COMIENZOS CUESTIONABLES

Desde los inicios de la Iglesia, algunos gentiles antisemitas han intentado eliminar a Israel de los planes de Dios. Tal vez esto se deba a motivos históricos, a los celos o, simplemente, a que algunos judíos dentro de la Iglesia —en especial aquellos judaizantes legalistas que seguían dietas *kosher*, guardaban las fiestas y enfatizaban la circuncisión— se mostraban condescendientes y altivos en su santidad. Sea cual sea la causa, sabemos que esta perspectiva surgió desde el principio, porque ya lo había abordado Pablo cuando escribió a los romanos:

> Digo, pues: ¿Han tropezado los de Israel para que cayesen? En ninguna manera; pero por su transgresión vino la salvación a los gentiles, para provocarles a celos. Y si su transgresión es la riqueza del mundo, y su defección la riqueza de los gentiles, ¿cuánto más su plena restauración? (Romanos 11:11-12)

¿Tropezaron los judíos? Sin duda alguna, y continúan tropezando, como un hombre ebrio que intenta cruzar un arroyo lleno de piedras. Sin embargo, no han caído completamente fuera del favor de Dios. Por ello, será aún más glorioso cuando, a través de su fe en Yeshúa, vuelvan a ponerse de pie y, finalmente, se conviertan en los testigos para el mundo que siempre estuvieron destinados a ser.

A pesar de los esfuerzos de Pablo por sofocar la creciente doctrina que sostenía que la Iglesia había reemplazado a Israel en el plan de Dios, dicha enseñanza continuó propagándose, evolucionando en algunos casos hacia un antisemitismo abierto.

EL DECRETO DE ISRAEL

Esta evolución es evidente en los escritos de los primeros padres de la Iglesia.

A principios del siglo II, Justino Mártir afirmó la idea de la sustitución de Israel, al declarar: «Porque nosotros somos el pueblo de Israel verdadero y espiritual [un término que nunca aparece en la Biblia], la raza de Judá, de Jacob, de Isaac y de Abrahán; [...] nosotros, que por medio de este Cristo crucificado hemos sido conducidos a Dios...».[1] «Es en el Cristo, "rey", "Jacob" e "Israel", que esperan las naciones. Los cristianos son la "verdadera raza israelita"».[2] Aunque estas palabras puedan parecer algo inocentes, sentaron las bases para la anulación de los judíos que sería desarrollada por los padres de la Iglesia en los siglos posteriores.

Ireneo, más adelante en el siglo II, escribió que «los mismos que se jactan de ser la casa de Jacob y el pueblo de Israel son desheredados de la gracia de Dios».[3] Orígenes, pocos años después, afirmó: «Y con seguridad diremos que [los judíos] no se restablecerán, pues cometieron el crimen más impío que cabe imaginar atentando contra la vida del Salvador del género humano [...]. Era menester, por ende, que [...] se dispersara la nación judía y pasara a otros el llamamiento a la bienaventuranza; a los cristianos...».[4] En las palabras de Orígenes, se expone claramente la razón del rechazo hacia Israel: el pueblo conspiró contra el Mesías. ¿Pero de verdad lo hicieron? Claro, algunos de ellos sí. ¿Y qué hay de los discípulos, la familia de Jesús o los miles que fueron sanados por Su toque? ¿Ellos también conspiraron contra Él? Más adelante hablaremos sobre ello.

El sentimiento antijudío continuó propagándose desde ese momento. En el Concilio de Elvira, a principios del siglo IV, se les prohibió a los cristianos casarse con judíos o compartir comidas con ellos. San Juan Crisóstomo, a finales del siglo IV, predicó una serie de sermones en los que declaró: «La sinagoga no solo es un burdel y un teatro; también es una guarida de ladrones y un albergue para bestias salvajes…».[5] «¿No son [los judíos] asesinos empedernidos, destructores, hombres poseídos por el demonio? […] ¿Por qué están degenerados los judíos? Por su odioso asesinato de Cristo».[6] Una vez más, encontramos un argumento del tipo «tirar al bebé junto con el agua sucia», donde toda una raza es condenada por las acciones de sus líderes espirituales. ¿Está esto justificado? Hoy en día, sé que hay muchos civiles en Irán, Líbano e incluso algunos en Gaza que no aceptarían ese tipo de pensamiento generalizador.

Este razonamiento odioso se mantuvo a lo largo de la historia de la Iglesia y, lamentablemente, se reforzó durante la Reforma. Martín Lutero, en su obra titulada de manera elocuente *Sobre los judíos y sus mentiras*, exigió: «Prender fuego a sus sinagogas o escuelas y enterrar y tapar con suciedad todo a lo que no prendamos fuego». ¿Por qué? «Esto ha de hacerse en honor a nuestro Señor y a la cristiandad, de modo que Dios vea que nosotros somos cristianos…».[7] Supongo que ese pequeño detalle no surgió tras una extensa exégesis de las palabras de Jesús: «Pero a vosotros los que oís, os digo: Amad a vuestros enemigos, haced bien a los que os aborrecen; bendecid a los que os maldicen, y orad por los que os calumnian» (Lucas 6:27-28).

Incluso Juan Calvino intervino en el asunto, escribiendo: «La podrida e inflexible rigidez de cerviz [de los judíos] merece que sean oprimidos sin fin y sin medida, y que mueran en su miseria sin la piedad de nadie».[8] ¡Ay! ¿Tú también, Juan?

EL DECRETO DE ISRAEL

Lamentablemente, este es el legado que ha llevado a los teólogos de sustitución de la actualidad. ¿Creo que la mayoría de los que sostienen esta doctrina se hacen eco de las palabras de Lutero de quemar sinagogas y escuelas? Por supuesto que no. No obstante, sí deben reconocer los orígenes y la evolución de sus creencias.

Este es el mismo hilo doctrinal que llevó a un teólogo reformado clave a escribir:

> Las promesas hechas a Abraham, incluyendo la promesa de la tierra, serán heredadas como un regalo eterno solo mediante el Israel verdadero y espiritual, no a través del Israel desobediente e incrédulo. [...] Por la fe en Jesucristo, el Mesías judío, los gentiles vinieron a ser herederos de la promesa hecha a Abraham, incluyendo la promesa de la tierra. [...] Por tanto, puede que hoy el estado secular de Israel no reclame el derecho divino a la tierra, pero ellos y nosotros deberíamos buscar un acuerdo pacífico que no esté basado en los actuales derechos divinos, sino en los principios internacionales de justicia, misericordia y factibilidad.[9]

Aunque esta declaración fue escrita casi veinte años antes del comienzo de nuestra guerra actual, sigue dando forma a las opiniones de muchos en la Iglesia. Este teólogo afirma que, al observar las acciones de Israel, los cristianos deben entender que no están luchando por lo que Dios les ha prometido, sino por lo que las Naciones Unidas les han otorgado generosamente.

Y, dado que su origen se debe a la comunidad internacional, deberían prestar más atención a las demandas de esa misma comunidad. Según este punto de vista, Israel no está luchando por Dios, y Dios ciertamente no está luchando por Israel.

LUCHANDO POR EL CIEN POR CIENTO

Este sistema de creencias de sustitución no es nada nuevo. Reitero, ha existido desde los inicios de la Iglesia, y lo único que ha cambiado es que, en la actualidad, está experimentando un marcado auge. Entonces, ¿por qué abordarlo ahora?

Hace un tiempo, estaba conversando con un buen amigo mío, un erudito bíblico respetado que ha logrado grandes cosas dentro del mundo cristiano. Es una persona admirada por su sabiduría y comprensión de las Escrituras, ¡y con razón!

Nuestra conversación abarcó numerosos temas doctrinales y, finalmente, giró hacia el tema de Israel. Hablamos de la historia de la nación y de su lugar en el mundo actual. Entonces, me dijo: «Sabes, Amir, estoy un 98 % seguro de que el Israel de hoy es el Israel de la Biblia». ¡Me quedé atónito! Tal vez intentaba animarme al asignar a Israel un porcentaje tan alto. No puedo estar seguro, porque estaba demasiado concentrado en entender qué podría contener ese último 2 %.

Fue esa conversación la que me impulsó a escribir este libro. Había pensado llamarlo *100 %*, pero nuestro editor opinó que sería demasiado abstracto. Sin embargo, ese título representa mi objetivo. Mi deseo es que este libro logre convencer a todos en la Iglesia de que el Israel de hoy es el mismo Israel que Dios le prometió a Abraham. Sería increíble si este libro pudiera erradicar

EL DECRETO DE ISRAEL

al 100 % la terriblemente errónea teología del reemplazo, pero sé que eso es casi imposible. Si Pablo no pudo hacerlo con sus cartas, ¿cómo podría yo lograrlo con este breve libro?

Mi intención es que aquellos que aman a Israel y apoyan a la nación escogida por Dios sepan, sin lugar a dudas, que lo que creen es absolutamente cierto. Y también deseo que estén completamente preparados para explicar a otros las razones de sus creencias. Oro para que esta obra llegue también a manos de quienes están del otro lado de este debate. Cuando examines las escrituras mencionadas en este libro y las leas desde un punto de vista literal, verás que no hay razón para que solo Israel o la Iglesia sean el pueblo elegido de Dios. Servimos a un Dios que tiene un plan único y especial para ambas naciones santas.

CAPÍTULO 1

UN REGALO DEL MUNDO PARA EL MUNDO

Por fin había llegado el día. ¡Lo lograste! Te habían asignado una plaza de estacionamiento, una plaza privilegiada cerca de la entrada. Adiós a las malezas, las colillas de cigarrillos y los coches destartalados. Olvídate de todo eso. Habías trabajado duro para destacar y, ahora, tu esfuerzo daba frutos. Estacionas el coche en tu lugar asignado sin problemas. Hay espacio de sobra entre las líneas blancas del estacionamiento. Bajas del coche y te estiras un momento, esperando que los que caminan hacia el edificio se fijen en ti. Finalmente, metes la mano para agarrar la bandolera de tu maletín, te enderezas y te diriges a tu oficina. Mientras caminas, pulsas el botón del mando. El *pip-pip* que resuena parece el reconocimiento de tu coche diciéndote: «Sí, te veo. Buen trabajo, viejo amigo».

A lo largo de la semana, disfrutas de tu nuevo estatus. El sábado, en una barbacoa, les cuentas a los demás, alrededor de la parrilla, lo agradable que es no tener que esquivar botellas rotas y cardos crecidos en el estacionamiento de la gente común.

20   EL DECRETO DE ISRAEL

Llega el domingo por la noche y te imaginas el cartel de «Reservado» que delimita tu territorio en el estacionamiento principal.

Llega el lunes por la mañana y, en lugar de girar a la izquierda hacia tu antigua zona de estacionamiento, giras a la derecha. Al pasar las últimas filas, ves tu plaza más adelante. No obstante, justo antes de llegar, un elegante coche deportivo aparece a toda velocidad y frena en tu espacio.

¡Seguramente se trata de un error! Nada que no tenga solución. Te colocas detrás del coche, y el conductor se baja. Es grande y musculoso.

Bajas la ventanilla. «Disculpe», dices con una risa nerviosa. «Me temo que hubo un error. Es algo que puede pasar fácilmente. Verá, esa es mi plaza de estacionamiento».

El conductor te lanza una mirada fulminante y se da la vuelta.

No pasa nada, tal vez no ha entendido bien. «Señor, ¿ve el cartel de "Reservado" justo ahí? Está reservado para mí. Así que, si no le importa moverse… Quiero decir, no es nada grave, ¿verdad?». De nuevo, intentas suavizar la situación con una risa ahogada.

El conductor se vuelve hacia ti y responde: «No».

¿No? ¿Qué quiere decir con «no»? ¿No entiende cómo funcionan estas cosas? Hay quienes tienen un lugar reservado y quienes no. Tú eres de los que se han ganado un lugar reservado. Estás a punto de salir del coche para explicarle esto al grandulón, pero entonces se abre la puerta del otro lado. Como si un oso se alzara sobre una colina, el pasajero se despliega desde el lado opuesto del coche. Es del tamaño de un liniero defensivo de la NFL y, cuando cierra de golpe la puerta, sientes la vibración del impacto en el suelo. Después de lanzarte una mirada amenazante,

Un regalo del mundo para el mundo 21

se une a su amigo y ambos se dirigen hacia el edificio. Es evidente que se están riendo, y también es igual de obvio que se están riendo de ti.

Así es como muchas personas en el mundo perciben el conflicto entre Israel y Palestina. Los palestinos estaban en la tierra, prosperando gracias a su trabajo arduo y su esfuerzo. Justo cuando finalmente estaban logrando algo por sí mismos, llegaron los judíos y comenzaron a desplazarlos. Los recién llegados se asentaron sobre los sólidos cimientos construidos por los palestinos y lograron forjar una nueva nación basada en el sudor y esfuerzo de sus predecesores. Si alguien intentaba detenerlos —otros países árabes, las Naciones Unidas o la Unión Europea—, Israel contaba con el respaldo del gran matón del barrio: Estados Unidos, quien estaba en su esquina para silenciar a los opositores. Todo lo que Estados Unidos tenía que hacer era enviar un grupo de portaaviones para intimidar a los que se quejaban o, peor aún, amenazar con cortarles la ayuda, y así se callarían.

En la mayoría de los campus universitarios, esta es la versión de la historia que probablemente escucharás, sobre todo si hablas con las masas de manifestantes de cabello enmarañado. Sin embargo, ¿es esto en verdad lo que ocurrió? ¿Prosperaba Palestina antes de la llegada de los extranjeros? ¿Son esos «forasteros» realmente forasteros? ¿Y tienen algún derecho legal a ocupar la tierra?

La respuesta a si la tierra era próspera antes de que el pueblo de Israel comenzara a regresar a finales del siglo XIX es: «Definitivamente no». Palestina era un desierto olvidado. Compuesta de desiertos, tierras sin cultivar y pantanos plagados de malaria, la región entre la costa oriental del Mediterráneo y el río Jordán era una vasta extensión de nada, utilizada principalmente como una ruta que los ejércitos atravesaban para ir de África a Eurasia y viceversa. En sus memorias de viaje de 1867, *Inocentes en el extranjero*, Mark Twain escribió: «Apenas había un árbol o un arbusto en ninguna parte. Incluso el olivo y el cactus, esos fieles amigos de un suelo inútil, casi habían abandonado el país. [...] La única diferencia entre los caminos y los alrededores, quizás, es que hay bastantes más rocas en los caminos que en los alrededores».[10]

Así que no, la tierra no era próspera antes de que los judíos comenzaran a reasentarse. En cuanto a la segunda pregunta, sobre si los forasteros son realmente forasteros, abordaremos este tema en los capítulos siguientes al analizar los derechos bíblicos e históricos de Israel sobre la tierra. La pregunta central de este capítulo es la tercera de nuestra lista: ¿tiene Israel algún derecho legal a estar en la tierra? Si la respuesta es negativa, enfrentamos un conflicto en el que las creencias religiosas chocan con el derecho internacional. Israel puede tener un derecho bíblico a ocupar la tierra, pero no tiene respaldo político alguno. En este caso, serían simples intrusos, y es comprensible que muchas personas ajenas al conocimiento de las Escrituras se opongan a ellos.

Sin embargo, la realidad es que Israel tiene pleno derecho a existir como un estado independiente exactamente en el lugar donde se encuentra ahora. La comunidad internacional otorgó al pueblo judío el derecho legítimo para establecerse y prosperar en este territorio. Lo creas o no, ¡esto abarca hasta las Naciones Unidas!

Entonces, ¿cómo es que los judíos lograron reconstituir una nación en esta tierra?

Un regalo del mundo para el mundo 23

AFUERA LOS OTOMANOS, ADENTRO LOS BRITÁNICOS

A finales del siglo XIX, el antisemitismo volvió a intensificarse en Europa. Aunque siempre ha existido un trasfondo antijudío, ocasionalmente las olas crecían causando estragos. En Europa del Este, las matanzas se desataron; los judíos fueron perseguidos y expulsados de sus hogares en Europa occidental. Un gran ejemplo de esta actitud antisemita fue el caso de Alfred Dreyfus, un oficial de artillería francés de origen judío. En 1894, Dreyfus fue incriminado y condenado injustamente por traición a favor de Alemania. Fue sentenciado a cadena perpetua en la Isla del Diablo, en la Guayana Francesa, donde soportó cinco años de penurias antes de que se descubriera al verdadero culpable. A pesar de ello, cuando Dreyfus fue llevado de regreso a Francia para un nuevo juicio, fue nuevamente condenado, incluso después de que el verdadero traidor confesara y huyera a Londres. El caso dividió a París entre los *dreyfusards* y los *antidreyfusards*, hasta que el Tribunal Supremo se vio obligado a concederle un indulto.

La lección que los judíos de Europa occidental aprendieron del caso Dreyfus no fue que entre los malos hay gente buena, sino que, en cualquier momento y por cualquier razón, la marea puede volverse contra ti y hundirte. Mientras tanto, los judíos de Europa del Este enfrentaban una enseñanza similar al ser violentamente expulsados de sus hogares y propiedades. Fue en este contexto que surgió Theodor Herzl.

Theodor Herzl nació en una familia judía en Pest, al otro lado del Danubio de Buda, en el Imperio austriaco. Como

24 **EL DECRETO DE ISRAEL**

abogado y periodista, Herzl siguió de cerca el caso Dreyfus desde sus inicios en 1894. Observó cómo Dreyfus fue acusado injustamente y percibió el cambio de la marea. El momento en que Europa dejaría de ser segura para los judíos se acercaba rápidamente. En 1897, Herzl fundó el Primer Congreso Sionista en Basilea, Suiza, donde fue elegido presidente. Durante los siete años siguientes, los últimos de su corta vida, Herzl se dedicó incansablemente a abrir las puertas para que los judíos pudieran hacer *aliá* (emigrar) a su antigua patria, lo que hoy conocemos como el Estado de Israel.

La *aliá* no empezó con Herzl. El pueblo de Israel llevaba siglos regresando a su patria. De hecho, nunca hubo un momento en que la tierra prometida estuviera completamente «libre de judíos». Dios siempre mantuvo un remanente en la región, tal como lo hizo tras el exilio babilónico en el siglo VI a. C. Sin embargo, en los años previos al sionismo,* así como durante su nacimiento y desarrollo, cada vez más personas del pueblo de Israel regresaron a su hogar. Se estima que entre 20,000 y 30,000 judíos volvieron entre principios de la década de 1880 y principios del siglo XX.[11] Muchos de ellos fundaron los *moshavim* («asentamientos agrícolas») para unirse y sobrevivir en condiciones extremadamente duras y contra la oposición árabe. La ayuda económica externa, como la del barón Edmond de Rothschild, fue clave para que estos primeros asentamientos lograran subsistir. Contrariamente a las narrativas modernas que acusan a los

---

* El sionismo se define como «el movimiento nacional para el regreso del pueblo judío a su patria y la reanudación de la soberanía judía en la tierra de Israel». («Zionism: A Definition of Zionism», *Jewish Virtual Library*, https://www. jewishvirtuallibrary.org/a-definition-of-zionism).

judíos de haber llegado y robado la tierra, cada acre de los primeros asentamientos fue comprado a propietarios árabes, quienes, conscientes de que eran tierras áridas o pantanos inservibles, estuvieron más que dispuestos a venderlas.

Los primeros asentamientos se establecieron bajo la atenta supervisión del Imperio otomano, que veía con buenos ojos la llegada de judíos respaldados por los Rothschild, ya que esto les permitía imponerles impuestos altos. Sin embargo, esto cambió con la Primera Guerra Mundial y la derrota del Imperio otomano. Los turcos fueron expulsados de Levante y dejaron un vacío de liderazgo que Europa occidental no tardó en llenar.

Gran Bretaña apaciguó a los rusos permitiéndoles en secreto tomar Constantinopla, mientras mantenía el control de los Dardanelos y la península de Galípoli. Moscú dijo: «*Spasibo*», puso fin a su participación en la Primera Guerra Mundial y regresó a su país para lanzar la Revolución Rusa, que transformó el mundo. Esto dejó a Gran Bretaña y Francia estudiando un mapa de Oriente Próximo, cada uno tratando de idear cómo engañar al otro para quedarse con la mejor parte.

Aquí entraron en escena sir Mark Sykes y François Georges-Picot. Les dejo adivinar quién era británico y quién francés. Tras muchas horas de negociaciones —y posiblemente algún juego de piedra, papel o tijera—, se repartieron lo que quedaba del Imperio otomano. Firmado el 9 y 16 de mayo de 1916, el Acuerdo Sykes-Picot otorgó a Francia el control del Líbano y la costa mediterránea de Siria. Gran Bretaña, por su parte, se quedó con Mesopotamia y supervisaría lo que hoy conocemos como Irak. En cuanto a otras zonas de Irak y gran parte de Siria, Transjordania y Palestina, se permitiría que fueran gobernadas por líderes árabes locales.[12] Por supuesto, este liderazgo estaría bajo la supervisión francesa y británica, porque ¿cómo confiar realmente en un gobierno sin la supervisión de un europeo? Pero me estoy desviando.

Todo parecía marchar bien. Los árabes estaban enfadados con los árabes. Los árabes estaban enfadados con los judíos. Los judíos estaban enfadados con los árabes. Y la gente refinada de Europa occidental observaba todo desde sus nuevos y elegantes hoteles y resorts a lo largo del Mediterráneo. El único problema que quedaba era que, como una filtración que, poco a poco, termina inundando el jardín, el pueblo de Israel seguía llegando a la tierra al oeste del Jordán. Sin embargo, cuando llegaban, lo hacían con el dinero de los Rothschild. Así que los árabes seguían vendiendo alegremente sus propiedades, y los asentamientos de Israel se multiplicaban por toda la región.

UN AVAL INTERNACIONAL

En este contexto político, lord Alfred James Balfour, mientras se desempeñaba como secretario de Relaciones Exteriores de Gran Bretaña, escribió una declaración dirigida a lord Walter Rothschild, un destacado sionista y defensor de los judíos que hacían *aliá*. En la carta, Balfour expresó el punto de vista pro-Israel que compartían muchos en el Gobierno británico. El 2 de noviembre de 1917, Balfour escribió:

El Gobierno de Su Majestad contempla favorablemente el establecimiento en Palestina de un hogar nacional para el pueblo judío y hará uso de sus mejores esfuerzos para facilitar la realización de este objetivo, quedando bien entendido que no se hará nada que pueda perjudicar los derechos civiles y religiosos de las comunidades no judías existentes en Palestina ni los derechos y el estatuto político del que gocen los judíos en cualquier otro país.[13]

De manera sorprendente, en esa breve frase sobre los «derechos religiosos», lord Balfour resumió el anhelo central de casi todos los judíos en Israel. La legislación israelí no exige que los cristianos que se muden a Israel se conviertan al judaísmo ni obliga a los musulmanes a renunciar a su fe. Después de siglos de persecución del pueblo de Israel en todo el mundo, simplemente queremos un lugar donde podamos estar a salvo de aquellos que nos odian solo por ser judíos. Y si alguien desea venir y convertirse en un miembro productivo de nuestra nación, será bienvenido, independientemente de sus creencias.

La Declaración Balfour fue muy alentadora para los judíos y para el movimiento sionista. Sin embargo, a pesar de que Balfour era ministro de Relaciones Exteriores, la declaración no era más que una carta de apoyo cordial. No contenía medidas concretas, acciones específicas ni pasos a seguir. En esencia, era como decir: «Ojalá pueda, ojalá lo logre».

Más tarde, en abril de 1920, representantes del Imperio británico, Francia, Japón e Italia se reunieron en San Remo, Italia, con algunos representantes de Estados Unidos que asistieron como observadores. Anteriormente mencioné que, tras la división del Imperio otomano después de la guerra, Siria, gran parte de Mesopotamia y Jordania/Palestina quedarían bajo el

28 EL DECRETO DE ISRAEL

liderazgo local árabe. Sin embargo, ¿cómo se materializaría esto? ¿Qué fronteras se trazarían y cómo se integrarían las potencias extranjeras en esta dinámica? Estas eran las cuestiones que se abordaron en San Remo. Se tomaron decisiones y se firmaron importantes acuerdos. En relación con el pueblo judío, el extracto clave de la Resolución de San Remo, ratificada el 25 de abril de 1920, dice lo siguiente:

> Las Altas Partes Contratantes acuerdan encomendar, mediante la aplicación de las disposiciones del artículo 22, la administración de Palestina, dentro de los límites que puedan ser determinados por las principales potencias aliadas, a un mandatario, que será seleccionado por dichas potencias. El mandatario será responsable de poner en práctica la declaración hecha originalmente el 8 de noviembre de 1917 por el Gobierno Británico [la Declaración Balfour], y adoptada por las demás potencias aliadas, a favor del establecimiento en Palestina de un hogar nacional para el pueblo judío, entendiéndose claramente que no se hará nada que pueda perjudicar los derechos civiles y religiosos de las comunidades no judías existentes en Palestina, ni los derechos y el estatus político que disfrutan los judíos en cualquier otro país.[14]

En este documento notable, la comunidad internacional afirmó oficialmente su intención de permitir un hogar nacional judío en la zona que entonces se conocía como Palestina. De

Un regalo del mundo para el mundo 29

nuevo, el objetivo era que judíos, cristianos y musulmanes vivieran juntos en paz. Los judíos apoyaban completamente esta idea. Los cristianos también. Fue y es únicamente de grandes sectores de la comunidad musulmana de donde escuchamos llamados de «muerte a Israel», y leemos en el Pacto de Hamás: «Israel existirá, y continuará existiendo, hasta que el Islam lo destruya, de la misma manera en que destruyó a otros en el pasado».[15] Por cierto, Hamás intentó llevar a cabo este compromiso el 7 de octubre de 2023, pero fracasó.

Muchos señalan la Declaración Balfour como el documento que consolidó el futuro de Israel, pero esa base realmente surgió de San Remo. Luego, el fortalecimiento de esos cimientos sólidos se dio con el Mandato de Palestina, emitido por la Sociedad de las Naciones y firmado el 24 de julio de 1922. Este notable documento reconoció la conexión histórica e inquebrantable de Israel con la tierra. Llamaba al «establecimiento de un hogar nacional judío» e impulsaba el «asentamiento cercano» de los judíos que regresaban a lo largo del país. Todas las áreas estaban abiertas para la *aliá*, «incluidas las tierras del estado y las tierras baldías no necesarias para fines públicos».[16] Si los nuevos colonos encontraban tierras no reclamadas, las reclamaban y comenzaban a trabajarlas para mejorarlas. Es gracias a estos emigrantes laboriosos que, cuando miro por mi ventana trasera hacia el valle de Jezreel, veo tierras agrícolas fértiles en lugar de los pantanos maláricos que originalmente existían allí.

«Eso está bien, Amir, pero eso es historia. El Mandato británico se terminó. La Sociedad de las Naciones desapareció. Ahora estamos bajo las Naciones Unidas, y todos sabemos que la ONU odia a Israel». Es cierto en todos los puntos, especialmente en la

30 EL DECRETO DE ISRAEL

antipatía de la ONU hacia mi pequeño país. Sin embargo, solo en este pequeño ámbito, me complace anunciar que incluso tenemos a las Naciones Unidas de nuestro lado. En la carta original de la ONU, que entró en vigor el 24 de octubre de 1945, el artículo 80, conocido como la Cláusula Palestina, establecía:

> Salvo lo que se conviniere en los acuerdos especiales sobre administración fiduciaria concertados de conformidad con los artículos 77, 79 y 81 y mediante los cuales se coloque cada territorio bajo el régimen de administración fiduciaria, y hasta tanto se concierten tales acuerdos, ninguna disposición de este capítulo será interpretada en el sentido de que modifica en manera alguna los derechos de cualesquiera Estados o pueblos, o los términos de los instrumentos internacionales vigentes en que sean partes Miembros de las Naciones Unidas.[17]

Ahora bien, si estás pensando que eso suena como un montón de jerga legal que ni siquiera menciona a Israel, tienes toda la razón. Sin embargo, se incluyó en la carta específicamente debido a las objeciones árabes hacia Israel, y afirma el derecho de los judíos a establecer finalmente su propio hogar nacional. ¿Cómo sé que esa era la intención? Porque fue respaldado por la Corte Internacional de Justicia en 1960, 1971 y 2004. Por mucho que las Naciones Unidas deseen retractarse de sus palabras, no pueden. Están atados a nosotros debido a su propia carta. Quiero decir, eso debe doler, aunque sea un poco.

NACIMIENTO DE «LOS PALESTINOS»

¿Y qué hay de los derechos de los palestinos que vivían en la tierra cuando el pueblo judío comenzó a trasladarse y asentarse en ella? Para responder a esta pregunta, es fundamental determinar qué es exactamente un palestino. Antes de 1948, un palestino era cualquier persona que residiera en el Mandato británico de Palestina, ya fuera musulmán, judío o cristiano. No fue sino hasta después de la creación del Estado de Israel que el término se restringió para referirse exclusivamente a los árabes del país que optaron por no convertirse en ciudadanos de la nueva nación. De repente, de la nada, surgió un nuevo grupo étnico.

Algunos de estos nuevos palestinos permanecieron en Israel, mientras que otros se trasladaron a países vecinos como Jordania y Siria. Tras la declaración de independencia de Israel y la expulsión de los ejércitos invasores, las Naciones Unidas intervinieron. En 1949, se creó el Organismo de Obras Públicas y Socorro de las Naciones Unidas para los refugiados de Palestina en el Cercano Oriente (OOPS) y, de inmediato, comenzaron a distribuirse ayudas a los palestinos. No es sorprendente que, una vez iniciada esta asistencia humanitaria, la población palestina comenzara a aumentar rápidamente.

La duplicación de una población lleva tiempo. En 2023, la población mundial alcanzó los ocho mil millones, el doble de lo que era 48 años antes, en 1975. Sin duda, las altas tasas de natalidad y los avances en la ciencia médica están contribuyendo al aumento exponencial del número de personas vivas y a la extensión de sus vidas. Sin embargo, según una declaración de 2022 del presidente de la Oficina Central Palestina de

Estadística (PCBS, por sus siglas en inglés), «la población palestina en el país y en la diáspora se ha multiplicado unas diez veces desde la Nakba de 1948».[18] *Nakba* es un término árabe que significa «catástrofe» y se utiliza para describir la creación del Estado de Israel y la posterior salida de los árabes de sus hogares en esa tierra.

Reflexionemos sobre esta estadística presentada por una organización que simpatiza con los palestinos. Según las cifras más recientes, a nivel mundial se necesitaron casi 50 años para que la población se duplicara. En cambio, los palestinos han multiplicado su número diez veces en 84 años. Solo hay dos explicaciones posibles para este aumento poblacional casi milagroso: o el Creciente Fértil realmente hace honor a su nombre, o un gran número de árabes de los países vecinos de Israel comenzaron repentinamente a identificarse como palestinos. ¿Por qué los árabes querrían sumarse al carro de Palestina? O sea, vivir como palestino no es precisamente la vida más glamurosa. Sin embargo, luchar por sobrevivir en muchas regiones de Siria, Jordania o Irak es aún menos atractivo. El lado positivo de ser palestino es que, aunque no hagas nada en todo el día, cuentas con el respaldo del OOPS, que garantiza escuelas para tus hijos, comida en tus despensas y palas para cavar tus túneles terroristas.

UN VÍNCULO INQUEBRANTABLE

Existe un vínculo entre el pueblo israelí y su tierra. Cuando se piensa en esa conexión, la mente suele viajar a figuras como Abraham, Moisés, el rey David y Jesús. Sin embargo, este vínculo no se limita a una creencia religiosa o a una historia cultural.

La tierra pertenece a Israel porque la comunidad internacional lo ha reconocido. Los judíos no son invasores ni usurpadores. No expulsaron a los habitantes originales ni llevaron a cabo ataques genocidas que aniquilaran a grupos inocentes.

Desde la primera *aliá*, el pueblo judío llegó con la intención de compartir la tierra con quienes ya vivían allí. Sin embargo, en cada negociación, con cada propuesta de tratado, los judíos encontraron que sus gestos de amistad eran rechazados por los árabes. Esto ocurrió tanto antes como después de que Israel declarara su independencia en 1948. Nada desearían más los israelíes que derribar los muros y vallas fronterizas que rodean su nación, y vivir en paz como vecinos amigables con los países circundantes. Sin embargo, desde el principio, Israel se ha visto obligado a adoptar una postura defensiva debido a las constantes amenazas de los países vecinos, que han expresado reiteradamente su intención de expulsar a los judíos al mar.

Sin embargo, eso no sucederá. Primero, porque Israel cuenta con un derecho legal, reconocido internacionalmente, para existir y habitar esta tierra. Y más importante aún, porque Dios no permitirá que eso ocurra.

CAPÍTULO 2

UNA PROMESA ETERNA

La arena del desierto se compacta bajo sus pasos. La arenilla irregular no le resulta desagradable, ni siquiera cuando siente sus diminutas puntas clavándose en las plantas de sus pies. La sensación le resulta familiar y reconfortante. Ha caminado sobre este tipo de terreno desde que tuvo la edad suficiente para poner un pie delante del otro sin tropezar. Se detiene un instante, permitiendo que la brisa fresca acaricie su barba y agite su cabello, trayendo consigo el suave aroma de las flores de tamarisco y acacia.

No era extraño encontrar al hombre caminando a altas horas de la noche. Las tensiones familiares, los rumores de incursiones y una inquietud constante lo llevaban a salir de su tienda mientras todos dormían. Sin embargo, nada lo impulsaba a buscar consuelo en la luna y las estrellas con más frecuencia que las lágrimas de su esposa. A simple vista, su matrimonio no parecía diferente de cualquier otro en su asentamiento. Sin embargo, era solo en la quietud de la noche, cuando se retiraban a su tienda,

EL DECRETO DE ISRAEL

que el problema podía tanto verse como oírse. O, quizás con mayor precisión, no se oía nada. Cuando se cerraban las puertas de la tienda, solo quedaban dos personas en silencio. Un marido y una esposa. Sin risitas juguetonas, sin gritos infantiles, sin arrullos suaves. Solo un hombre, una mujer y una montaña de sueños sin cumplir.

Aquella noche, había salido al desierto solo, el mismo que había recorrido tantas veces cuando ya no encontraba palabras cómplices para consolar a su amada esposa. Sin embargo, esta vez era distinto. Reconocía el lugar donde estaba, pero no recordaba cómo había llegado allí. Ni siquiera podía precisar qué lo había empujado a salir bajo el cielo nocturno. No había tenido discusiones con su hermano sobre qué hacer ahora que su padre había fallecido. Su mujer se había retirado a dormir temprano, así que no habían surgido tensiones con ella. Mientras reflexionaba, recordó que esa tarde se había sentido especialmente agotado y que había dado por terminada la jornada poco después del atardecer.

Entonces, ¿cómo era posible que ahora estuviera en el desierto? El viento volvió a soplar suavemente, trayendo consigo aromas familiares junto con algo nuevo. Algo aromático, rico, agradable. Con esos olores llegó también una sensación en el aire, una tensión palpable, casi como un zumbido que le erizó el vello de los brazos y las piernas. ¿Qué estaba ocurriendo?

De repente, una luz brillante lo envolvió, y una voz pronunció: «Abram».

Cuando una luz incorpórea te habla, por lo general solo hay una respuesta adecuada. Abram cayó de rodillas y, acto seguido, se postró rostro en tierra. «¿Sí, Señor?», respondió.

Cuando la voz volvió a hablar, Abram sintió su profunda resonancia; podía ver cómo diminutos granos de arenilla vibraban frente a sus ojos. La voz dijo:

> Vete de tu tierra y de tu parentela, y de la casa de tu padre, a la tierra que te mostraré. Y haré de ti una nación grande, y te bendeciré, y engrandeceré tu nombre, y serás bendición. Bendeciré a los que te bendijeren, y a los que te maldijeren maldeciré; y serán benditas en ti todas las familias de la tierra.
> (Génesis 12:1-3)

La luz aumentó de intensidad hasta tal punto que Abram tuvo que cerrar los ojos con fuerza, cubriéndolos con las manos y hundiendo la cara en el suelo. De repente, el resplandor desapareció. Abram apartó las manos y trató de mirar a su alrededor, pero, tras haber estado expuesto a una luz tan intensa, ahora todo parecía negro como el carbón. Esperó pacientemente a que sus ojos se adaptaran. Incluso sin vista, le quedó claro que ya no estaba en el desierto. En lugar de matorrales y aromas silvestres, percibía el olor a cuero viejo y a los restos de la cena. Los sonidos también habían cambiado. En lugar del suave murmullo de la brisa del desierto, escuchaba el tranquilo ronquido de Sarai, su esposa, durmiendo al otro lado del panel de tela que separaba sus espacios en la tienda.

Cuando por fin recuperó la visión, Abram se levantó de la cama, se colocó una túnica y se calzó las sandalias. Como aún era de noche, tomó un bastón pesado que estaba apoyado junto a la salida de la tienda. Empujó suavemente la tela, salió al exterior y comenzó a caminar por el campamento hacia el desierto. El sueño, la visión o lo que fuera aquello, lo había dejado profundamente perturbado. Tenía mucho que procesar. Lo único que sabía con certeza era que, tan pronto como le fuera humanamente posible, emprendería un viaje que, probablemente, no tendría regreso.

UN HÉROE ORDINARIO

Este fue el momento en que se pronunció por primera vez el Decreto de Israel, aunque con un poco de dramatismo. Dios miró a todas las personas del mundo, vio a Abram y dijo: «Sí, él servirá». No había nada especial sobre ese hombre. No se menciona su gran fe en Dios antes de su llamamiento. Josué, al dirigirse a los israelitas después de que comenzaran la conquista de la tierra, dijo: «Así dice Jehová, Dios de Israel: Vuestros padres habitaron antiguamente al otro lado del río, esto es, Taré, padre de Abraham y de Nacor; y servían a dioses extraños» (Josué 24:2). Por lo tanto, es muy probable que Abram inicialmente siguiera la fe pagana de sus padres. Tampoco se destaca nada sobre su carácter o rectitud.

Lo que es evidente es que Dios vio en Abram a un hombre dispuesto a obedecer, incluso cuando la tarea era difícil. Dios le pidió que dejara atrás su tierra y su familia para emprender un viaje cuyo destino solo se revelaría cuando fuera necesario, y Abram no necesitó más información. Su respuesta a esta orden tan abierta dice todo lo que necesitamos saber sobre su carácter. Las primeras palabras que leemos en las Escrituras después de que se diera el Decreto de Israel son: «Y se fue Abram»

(Génesis 12:4). Abram no sopesó los pros y los contras, ni buscó consejo sabio. No desplegó un mapa ni lanzó una moneda al aire. Tan pronto como le fue posible, recogió su caravana y emprendió el camino.

Esto me recuerda un episodio posterior en la vida de Abram, quien para entonces había recibido el nuevo nombre de Abraham, apelativo que utilizaremos a partir de ahora en este libro para evitar confusiones. Finalmente, Dios le había concedido el hijo de la promesa, aquel de quien surgiría «la gran nación» del Decreto de Israel. No obstante, con ese hijo, Isaac, llegó una prueba aún mayor para la fe de Abraham.

> Y dijo [Dios]: Toma ahora a tu hijo, tu único, Isaac, a quien amas, y vete a tierra de Moriah, y ofrécelo allí en holocausto sobre uno de los montes que yo te diré. (Génesis 22:2)

¿Qué palabras leemos inmediatamente después de esta inimaginable y difícil petición? «Y Abraham se levantó muy de mañana y enalbardó su asno» (versículo 3). Abraham confiaba plenamente en Dios, incluso cuando hacerlo parecía ir en contra de toda lógica. Sabía que Dios jamás se retractaría de una promesa.

> Por la fe Abraham, cuando fue probado, ofreció a Isaac; [...] pensando que Dios es poderoso para levantar aun de entre los muertos, de donde, en sentido figurado, también le volvió a recibir. (Hebreos 11:17,19)

40 EL DECRETO DE ISRAEL

Aunque hiciera falta un milagro de resurrección, Dios se mantendría fiel a Su palabra. Esa misma fe es la que puede ayudarnos a superar incluso los momentos más difíciles de nuestra vida. El Señor ha demostrado que hará todo lo necesario, incluso hasta la crucifixión y resurrección de Su propio Hijo, para asegurarse de que tengamos la oportunidad de estar seguros en Su presencia. ¡Qué profunda paz debería brindarnos eso en nuestro caminar diario!

UN DECRETO EXTRAORDINARIO

La promesa de la tierra

Regresemos a la noche de la visión. Mientras Abraham reflexionaba sobre las palabras de Dios bajo las luces del cielo, hubo varias verdades que habrían captado su atención. En primer lugar, solo recibió una directiva, y estaba contenida en la primera palabra:

«Vete».

Es una palabra impactante, una demanda de acción, como decir: «Lárgate, *lech lecha*, vete de aquí». «Vete» es un verbo en segunda persona del singular, lo que indica que esta directiva fue dada específicamente a Abraham y solo a él. Dios no dijo: «Recoge a toda la familia y emprendan un viaje». En realidad, indicó lo contrario: «Vete de tu tierra y de tu parentela, y de la casa de tu padre, a la tierra que te mostraré» (Génesis 12:1). Está bien si Sarai decide ir contigo, y también tu sobrino Lot puede acompañarte, si lo desea. No obstante, si ellos optan por quedarse, tú igual debes partir.

Una promesa eterna 41

En segundo lugar, era una orden abierta. Como mencioné antes, no se especificó adónde iría Abraham. Dios, simplemente, le dijo: «Te avisaré cuando llegues». Todo el propósito de la orden era trasladar a Abraham desde donde estaba hacia la tierra que Dios ya había destinado como herencia para su descendencia. De hecho, Abraham y su gente tardaron solo unos versículos y muchos kilómetros en llegar a Siquem, un lugar situado aproximadamente a mitad de camino entre Jerusalén y el valle de Jezreel, en lo que hoy es Israel. Allí, Dios se le apareció de nuevo y declaró: «A tu descendencia daré esta tierra» (versículo 7). ¿Qué significa «esta tierra»? Se refiere a la tierra de Israel, prometida por Dios como posesión para los descendientes de Abraham.

Esto nos lleva al primer aspecto del Decreto de Israel: Dios asignó a Israel una porción específica de tierra.

«Pero, Amir, Dios dijo "descendencia". Eso es un término indefinido. ¿Cuántas generaciones de descendientes? Tal vez, después de todo el pecado y la idolatría, el Señor se cansó de ellos y revocó la promesa. No se lo podría culpar». Estoy de acuerdo con parte de esta afirmación. Es cierto que «descendencia» puede parecer indefinido, aunque generalmente no lo es. Y, considerando todo el pecado y la idolatría, sería comprensible que Dios decidiera revocar la herencia de la tierra. Sin embargo, Él simplemente no lo haría. Esa no es la naturaleza de Dios. El regalo de la tierra a los israelitas fue un legado permanente.

Tanto Abraham como Lot fueron bendecidos materialmente por Dios. Los rebaños y manadas de ambos crecieron exponencialmente, y las tiendas de su gente se expandieron hasta ocupar cada vez más espacio. Al final, Abraham le dijo a Lot: «Escucha, sobrino, esta tierra no es lo suficientemente grande para los dos.

42   EL DECRETO DE ISRAEL

Tenemos Canaán aquí arriba o las llanuras del Jordán abajo. Escoge lo que prefieras». Lot observó la tierra rocosa hacia el norte y la exuberante vegetación del sur y respondió: «Sabes, creo que iré hacia el sur». He oído decir que el valor de las propiedades a menudo depende del momento oportuno, y nunca fue más cierto que en el caso de Lot.

Aunque Abraham actuó correctamente, pudo haber sentido algo de frustración cuando Lot eligió la zona más fértil. En respuesta, Dios se acercó a Abraham para darle una dosis de ánimo. Le dijo:

> Alza ahora tus ojos, y mira desde el lugar donde estás hacia el norte y el sur, y al oriente y al occidente. Porque toda la tierra que ves, la daré a ti y a tu descendencia para siempre. Y haré tu descendencia como el polvo de la tierra; que si alguno puede contar el polvo de la tierra, también tu descendencia será contada. Levántate, ve por la tierra a lo largo de ella y a su ancho; porque a ti la daré. (Génesis 13:14-17)

Es esa última frase en la segunda oración de esta segunda parte del Decreto de Israel la que marca toda la diferencia: «para siempre». Esa frase implica una finalidad absoluta. No hay advertencias ni notas al pie. Se puede leer en el idioma original y el significado sigue siendo el mismo. Puedes descomponer las palabras o analizar los verbos o buscar un sentido oculto entre líneas, pero no hay forma de eludir el significado de «para siempre».

Una promesa eterna   43

Si lo piensas bien, esas palabras realmente hacen una doble promesa. En primer lugar, garantiza que la tierra siempre pertenecerá a Israel. En segundo lugar, asegura que siempre habrá judíos que habitarán en ella. «Desde el río hasta el mar, Israel es una garantía».

Es en este punto cuando suelen aparecer los que hacen preguntas: «Amir, ¿y durante los exilios, cuando el pueblo de Israel estuvo en Babilonia, en la antigua Asiria o en Egipto? ¿No fueron expulsados todos los judíos? ¿Y después de la rebelión de Bar Kokhba, cuando los judíos fueron expulsados de la recién cristianizada Siria Palestina? Si no hay judíos en Israel, ¿no queda anulado el Decreto de Israel?».

Como mencioné en el capítulo anterior, siempre ha existido un remanente de judíos en Israel. Sin embargo, en última instancia, ese es un argumento inválido, ya que la presencia no prueba la propiedad. Podría negarme a abandonar una casa de la que he sido desalojado por no pagar los impuestos. Aunque la casa hubiera sido mía y mi cuerpo siguiera dentro de sus paredes, legalmente, la propiedad ya no me pertenecería.

Lo que realmente importa es la pertenencia. Supongamos que compro un condominio en Haifa al que puedo llevar a mi familia de vacaciones. Un día, después de irnos, otra familia entra, instala sus muebles, ordena su vajilla y se apodera de la casa. ¿He perdido mi propiedad solo porque no estaba en ella en ese momento? ¿Son ellos los nuevos propietarios a pesar de que yo tengo la escritura? ¿Realmente es la posesión nueve décimas partes de la ley?

Aquí es donde debemos dar un paso atrás para analizar a quién pertenece la tierra en cuestión. En el siglo VI a. C., los babilonios afirmaron que era suya. Luego fueron los persas quienes

44 EL DECRETO DE ISRAEL

reclamaron su propiedad. Después vinieron Alejandro Magno y los helenos, seguidos por los romanos, los árabes, los cruzados, los mamelucos, los otomanos y los británicos. Todos ellos declararon que la tierra les pertenecía, y todos se equivocaron. El primero de la lista, antes de Babilonia y después de los británicos, fue Israel, elegido por Dios. ¿Son ellos los verdaderos dueños? Sí. O, al menos, en cierto modo.

El propietario legítimo de la tierra de Israel ha sido y siempre será Dios. Él es el Creador y conserva los derechos sobre Su creación. No importa quién sea el actual «matón» de la cuadra. Es irrelevante quién tenga las espadas más grandes, los caballos más rápidos, las armas más poderosas o las bombas más destructivas. Como ya hemos visto, Dios, que tiene pleno derecho sobre la tierra, dijo a Abraham: «Porque toda la tierra que ves, la daré a ti y a tu descendencia para siempre» (Génesis 13:15). Para siempre significa para siempre. Cualquier persona en Israel que no sea descendiente físico de Abraham no es más que un ocupante ilegal en tierra ajena.

La promesa de una nación

El Decreto de Israel no se limita solo a la tierra. La segunda promesa dada a Abraham es la de la descendencia. La descendencia era todo en la cultura antigua, y sigue siendo así en muchas partes del mundo actual. Como escribió Salomón: «Como saetas en mano del valiente, así son los hijos habidos en la juventud. Bienaventurado el hombre que llenó su aljaba de ellos» (Salmos 127:4-5). Lamentablemente, para el gran patriarca de Israel, en el momento de su visión, lo único que había en su aljaba eran algunas telarañas y un par de cascarillas de arañas muertas.

Sin embargo, Dios dejó claro a este hombre, que ya estaba en la curva descendiente de la vida, que haría de él «una nación grande» (Génesis 12:2). Fue un testimonio increíble de la fe de este septuagenario que no se opusiera a Dios al final de la promesa y dijera: «A propósito de eso de "nación", sabes que tengo setenta y cinco años, ¿verdad?». Recuerda, Abraham no era diferente de ti o de mí. No era un superhéroe. No había una capa debajo de su túnica lista para abrirse y ondear al viento. Como todos nosotros, tuvo sus momentos de fracaso. ¿Recuerdas las dos ocasiones en que dijo que su esposa era su hermana porque tenía miedo? Y luego, todo ese incidente con Agar. ¡Vaya!

Lo que distinguió a este gran patriarca fue su disposición a creerle a Dios sin importar lo que pasara. «Soy muy viejo, y mi mujer ya no puede tener hijos, pero Tú dices que vamos a producir una gran nación. Claro, ¿por qué no? Me apunto». A menudo, cuando Dios nos desafía o nos pone frente a oportunidades difíciles, nuestra primera respuesta es preguntarnos: «¿Realmente puedo hacerlo? ¿Tengo tiempo? ¿Está dentro de mis habilidades?». Cuando Dios nos da oportunidades y promesas, no busca preguntas. Solo quiere oír una respuesta: «Sí».

Esta promesa de descendencia física era importante tanto para Abraham como para Dios. Por eso el Señor la repitió una y otra vez. Cuando Abraham empezó a dudar, Dios renovó el pacto:

> Y [Dios] lo llevó fuera [a Abraham], y le dijo: Mira ahora los cielos, y cuenta las estrellas, si las puedes contar. Y le dijo: Así será tu descendencia. (Génesis 15:5)

EL DECRETO DE ISRAEL

Más tarde, cuando Abraham tenía 99 años y aún no tenía heredero, Dios le cambió el nombre para enfatizar la promesa:

> Entonces Abram se postró sobre su rostro, y Dios habló con él, diciendo: He aquí mi pacto es contigo, y serás padre de muchedumbre de gentes. Y no se llamará más tu nombre Abram, sino que será tu nombre Abraham, porque te he puesto por padre de muchedumbre de gentes. Y te multiplicaré en gran manera, y haré naciones de ti, y reyes saldrán de ti. Y estableceré mi pacto entre mí y ti, y tu descendencia después de ti en sus generaciones, por pacto perpetuo, para ser tu Dios, y el de tu descendencia después de ti. (17:3-7)

Por último, después de que el heredero naciera milagrosamente —Isaac, el hijo de la promesa—, y Abraham lo llevara al monte para sacrificarlo según el mandato de Dios, el ángel de Jehová dijo:

> Por mí mismo he jurado, dice Jehová, que por cuanto has hecho esto, y no me has rehusado tu hijo, tu único hijo; de cierto te bendeciré, y multiplicaré tu descendencia como las estrellas del cielo y como la arena que está a la orilla del mar; y tu descendencia poseerá las puertas de sus enemigos. En tu simiente serán benditas todas las naciones de la tierra, por cuanto obedeciste a mi voz. (22:16-18)

Una promesa eterna . 47

Para Abraham era importante recordar que, con el paso de los años, Dios seguía de acuerdo con el plan y lo cumpliría a Su debido tiempo. Para Dios, era imperativo que no solo Abraham, sino todo el mundo a lo largo de los siglos, reconocieran que la descendencia física de este anciano era una creación milagrosa realizada por Su mano. Israel no existe por accidente o por la unión normal de un hombre y una mujer. Israel existe porque Dios intervino en la forma natural de las cosas y provocó el embarazo de una mujer demasiado anciana para tener hijos. Los judíos nacieron por medios sobrenaturales y han perdurado a lo largo de los milenios gracias a intervenciones igualmente sobrenaturales. ¿Esto los hace mejores que los demás? No. Pero sí los hace escogidos, y los distingue como únicos en el plan de Dios.

La promesa de ser bendición

La tercera promesa contenida en el Decreto de Israel es que los descendientes de Abraham serían una bendición para todas las naciones. En esa visión que transformó la historia, Dios hizo una declaración con un alcance que iría mucho más allá de la familia de un solo hombre. Dijo: «Y haré de ti una nación grande, y te bendeciré, y engrandeceré tu nombre, y serás bendición. Bendeciré a los que te bendijeren, y a los que te maldijeren maldeciré; y serán benditas en ti todas las familias de la tierra» (Génesis 12:2-3). ¡Qué promesa maravillosa! Observa que no hay límite de tiempo ni restricción geográfica. De Abraham y su descendencia surgirá una bendición que alcanzará a todas las personas, en todas las épocas. ¿Cómo es esto posible?

Para comprender plenamente el alcance de esta bendición prometida, debemos entender en qué consiste dicha bendición.

48 EL DECRETO DE ISRAEL

Aunque los descendientes de Abraham han influido positivamente en el mundo de muchas maneras, hay tres aspectos principales que merecen especial mención.

BENDECIR AL MUNDO AL REFLEJAR EL CARÁCTER DE DIOS

En primer lugar, el pueblo de Abraham fue elegido para ser un testigo vivo de la gloria de Dios. Hablándole a Israel, el Señor declaró:

> Vosotros sois mis testigos, dice Jehová, y mi siervo que yo escogí, para que me conozcáis y creáis, y entendáis que yo mismo soy; antes de mí no fue formado dios, ni lo será después de mí. Yo, yo Jehová, y fuera de mí no hay quien salve. Yo anuncié, y salvé, e hice oír, y no hubo entre vosotros dios ajeno. Vosotros, pues, sois mis testigos, dice Jehová, que yo soy Dios. (Isaías 43:10-12)

Según el plan, los descendientes de Abraham debían mostrar a las naciones circundantes el poder, la gloria y la justicia de un Dios santo y amoroso. Al observar el carácter del pueblo de Israel, el mundo debería haber vislumbrado lo divino. Si alguien deseaba contemplar la misericordia de Dios, solo necesitaba fijarse en cómo los descendientes de Abraham extendían constantemente su compasión hacia los indefensos y desesperados. Si se quería entender la santidad, bastaba con abrir el Antiguo Testamento y leer cómo los antiguos hebreos obedecían los mandamientos de Dios con fidelidad. El Señor creó a Israel para ser una nación especial para Él, destinada a reflejar Su luz maravillosa al mundo.

Esa era la intención de Dios. Por desgracia, en este aspecto, Israel fracasó estrepitosamente, pero hablaremos de eso más adelante.

BENDECIR AL MUNDO A TRAVÉS DE LA PALABRA

Afortunadamente, había dos maneras más en las que Israel podía bendecir a todas las naciones. El segundo regalo que la descendencia de Abraham ha dado a la humanidad es la Palabra de Dios. Es cierto que el mundo natural ya da testimonio de quién es Dios. El apóstol Pablo escribió: «Porque las cosas invisibles de él [Dios], su eterno poder y deidad, se hacen claramente visibles desde la creación del mundo» (Romanos 1:20). Al examinar de cerca las complejidades de la creación y la perfección de los sistemas en la naturaleza y en la vida misma, solo alguien empeñado en defender una noción naturalista preconcebida podría atribuirlo al «azar» en lugar de reconocer la obra de un «creador».

Sin embargo, la revelación general no era suficiente para Dios. Él deseaba que Su creación comprendiera su origen, conociera quién es Él y, lo más importante, reconociera y aceptara Su plan de salvación. Por eso, reunió a 40 autores de tres continentes distintos, quienes escribieron en tres idiomas diferentes a lo largo de 1,500 años, y les encomendó redactar un libro. Una característica común entre todos esos autores era ser judíos. Cada palabra de cada libro, tanto del Antiguo como del Nuevo Testamento, fue escrita por un descendiente de Abraham o por un amanuense que transcribía su dictado. Como escribió el salmista:

50 EL DECRETO DE ISRAEL

Ha manifestado sus palabras a Jacob,
sus estatutos y sus juicios a Israel.
No ha hecho así con ninguna otra de las naciones;
y en cuanto a sus juicios, no los conocieron.
Aleluya. (Salmos 147:19-20)

Dios eligió a Israel como Su portavoz. A través de ellos, se comunicaría directamente con Su creación. Y, a diferencia de su fracaso como testigos de Su gloria, en este caso lo hicieron de manera excepcional. Lo que ahora tenemos en la Biblia es el único libro perfecto y exacto de la verdad divina: las palabras de Dios plasmadas en papel.

«Pero, Amir, han pasado dos mil años. ¿Cómo podemos seguir confiando en la Biblia? Piensa en todos los errores que probablemente se han filtrado con el tiempo». Si estuviéramos hablando de cualquier otro libro, te daría la razón. Es imposible copiar un texto a mano una y otra vez durante tanto tiempo sin que se introduzcan discrepancias significativas. Sin embargo, este no es un libro cualquiera. Es la Palabra de Dios que Él decidió entregar a la humanidad.

Podría adentrarme en los entresijos del proceso de copia. Tan preciso. Tan detallado. Podría hablarte de manuscritos y arqueología y de cumplimientos proféticos infalibles a lo largo del tiempo, así como de las asombrosas estadísticas que rodean su precisión inquebrantable. Sin embargo, este es un libro breve, y ya he escrito sobre todo eso antes.

Cuando hablábamos anteriormente de la tierra, decíamos que, cuando se deja de lado la política, las conquistas y las posesiones, todo se reduce a Dios. Él es el dueño de la tierra. Él entregó la tierra. Lo mismo ocurre con la Palabra de Dios. El paraguas que cubre todos los demás argumentos sobre la exactitud y la fiabilidad es el propósito y el carácter de Dios. Él quería comunicar la verdad al mundo, y así lo hizo. Le llevó un milenio y medio exponerla gradualmente. Muchas generaciones fueron y vinieron; pero, finalmente, el apóstol Juan escribió el *fin* en la Biblia: «La gracia de nuestro Señor Jesucristo sea con todos vosotros. Amén» (Apocalipsis 22:21). Y se acabó. Misión cumplida.

Reconociendo el intrincado proceso y comprendiendo el deseo de Dios de ser conocido, ¿crees que permitiría que se corrompiera su única oportunidad de comunicar toda la verdad necesaria a la humanidad? ¿Acaso observaba a un concilio del siglo IV mientras examinaban un montón de rollos, diciendo: «¡Esperen, no se olviden del Evangelio de Tomás! Y Tobías, ¡no pueden dejar a Tobías fuera del Antiguo Testamento!»? Dios emprendió el mayor proyecto literario de todos los tiempos y lo llevó a cabo sin problemas. Si tenemos alguna duda, podemos mirar hacia los miles de manuscritos de los primeros años de la Iglesia hasta la etapa intermedia para confirmar que nada ha cambiado. Dios inspiró las palabras, guio a los descendientes de Abraham para que las escribieran y el Espíritu Santo las ha resguardado desde entonces.

BENDECIR AL MUNDO MEDIANTE EL NACIMIENTO DEL SALVADOR

La última bendición para las naciones en el Decreto de Israel es el Salvador. Puede que no lo notes al ver la imagen de un Jesús con cabello rubio y ojos azules colgada en la cocina de tu abuela, pero Jesús era judío. Y ¿qué mayor bendición podría dar

52 EL DECRETO DE ISRAEL

Abraham al mundo que ser el padre del pueblo que traería a la humanidad al tan necesitado Mesías? Este es el regalo supremo.

Me encanta cómo Pablo hace una lista rápida de todo lo que Israel ha dado a la humanidad. Expuso:

> ... son mis parientes según la carne; que son israelitas, de los cuales son la adopción, la gloria, el pacto, la promulgación de la ley, el culto y las promesas; de quienes son los patriarcas, y de los cuales, según la carne, vino Cristo, el cual es Dios sobre todas las cosas, bendito por los siglos. Amén. (Romanos 9:3-5)

Es importante notar que Pablo estaba hablando de judíos físicos, aquellos que eran sus «parientes según la carne». Esto no se refiere a la Iglesia ni a los gentiles hechos hijos espirituales de Abraham mediante una circuncisión del corazón (Romanos 2:25-29). Como dijo Pablo, «son israelitas». Luego, lleva al lector a través de una larga lista de los muchos beneficios que Israel ha brindado al mundo. Y concluye con el más grande de todos: «Cristo, el cual es Dios... bendito por los siglos».

Trágicamente, a pesar de que el Mesías procede de Israel, la mayoría de los judíos no lo reconocen por lo que es. Como escribió Juan: «A lo suyo vino, y los suyos no le recibieron» (Juan 1:11). Hay quienes interpretan las palabras de Juan como si fueran de carácter absoluto. «Israel rechazó al Mesías; por lo tanto, Dios rechazó a Israel». Sin embargo, Juan no estaba haciendo una afirmación categórica, sino una generalización. ¿Rechazó la mayoría de los judíos al Mesías? Definitivamente. No obstante, la madre de Jesús no lo rechazó. María Magdalena, así

Una promesa eterna 53

como los hermanos Lázaro, Marta y María, tampoco lo hicieron. Sus discípulos ciertamente no lo rechazaron; todos ellos, excepto Juan, dieron su vida por su compromiso con Él. Incluso los hermanos de Jesús, Jacobo y Judas, al final creyeron en Él.

Sin embargo, hay quienes sostienen que la pecaminosidad de Israel llevó a Dios a romper Su pacto con el pueblo. Su desobediencia alcanzó su punto máximo con los gritos de «¡Crucifíquenlo!», y el Padre finalmente se cansó. Su paciencia llegó a su fin, y cortó Sus lazos con ellos. Afortunadamente, argumentan, el momento era perfecto, pues Dios, en Su sabiduría, tenía un plan brillante esperando ser puesto en marcha. Así, en el día de Pentecostés nació la Iglesia, y Dios tenía un nuevo pueblo para reemplazar a Israel.

Otros se sienten incómodos con esta teoría, porque comprenden la implicación de que Dios se retracte de Su pacto «para siempre» con Abraham y con el pueblo de Israel. ¿Cómo podríamos confiar en Sus promesas eternas de salvación y vida eterna si Él pudiera dejar desamparados a los judíos? Esta perspectiva doctrinal suaviza las asperezas del rechazo judío, argumentando que el plan de Dios siempre fue reemplazar a Israel por la Iglesia. Según esta visión, Israel fue establecido para preparar el camino para la justicia, algo así como una vida santa, pero con «ruedas de entrenamiento». Tras la crucifixión y resurrección de Jesús, llegó el momento de cambiar de jugadores. Un Israel golpeado por el pecado y destrozado se arrastró hasta las cuerdas y fue sustituido por la Iglesia. Audaz y llena de energía, esta nueva entidad saltó al ruedo y logró lo que su predecesora nunca pudo. Difundió el evangelio por todas partes, viviendo como un reflejo (casi) perfecto de Cristo para el mundo. ¡Qué gran plan,

54 EL DECRETO DE ISRAEL

Señor! Seguiremos observando cómo mejora el mundo hasta que llegue el momento en que Tú regreses e introduzcas el cielo nuevo y la tierra nueva.

¿Es eso realmente lo que sucedió? ¿Fue el Decreto de Israel solo temporal? ¿O tal vez tenía un significado especial y oculto que podía entenderse con un poco de suposiciones y algo de lectura entre líneas? ¿O las palabras de Dios significan exactamente lo que dicen? ¿Significa «una nación grande» una «nación grande» física? ¿Podemos confiar en que «para siempre» signifique realmente «para siempre»? En los próximos dos capítulos, se abordarán estas y otras cuestiones mientras analizamos el compromiso de Dios con el pueblo de Israel, tanto en el Antiguo como en el Nuevo Testamento.

CAPÍTULO 3

UN FUNDAMENTO SÓLIDO Y DURADERO

Era el 27 de septiembre de 2022 y estaba relajándome en el vestíbulo del hotel, esperando a que Steve Yohn, redactor jefe de Behold Israel, bajara de su habitación. Afuera, la mañana de finales de verano ya estaba cálida. Habíamos programado un desayuno temprano para evitar el calor de Fort Worth. En pocos días, Behold Israel celebraría una conferencia con el lema "Esperando su Regreso", y yo aguardaba con entusiasmo el tiempo que el ministerio pasaría en una de nuestras iglesias favoritas.

Pero, por ahora, tenía otras cosas en mente. Había invitado a Steve a venir unos días antes para hablar de un libro que iba a publicar. Esta mañana comenzaríamos nuestros debates, que siempre eran tan complejos como amenos.

Cuando vi a Steve saliendo del ascensor, me puse de pie para recibirlo. Me di cuenta de que sonreía mientras movía la cabeza.

Al llegar a donde yo estaba, me dijo: «Tres completos desconocidos me han dicho en el ascensor cuánto lamentan mi pérdida».

EL DECRETO DE ISRAEL

Lo miré con curiosidad, y me señaló la gorra que llevaba puesta, con el logotipo de los Denver Broncos. Entonces su comentario cobró sentido. Solo tres días antes, los Miami Dolphins habían derrotado a los Broncos por 70-20, logrando la mayor cantidad de puntos de un equipo de la NFL desde 1966.

Steve, que vive en las afueras de Denver, dijo: «Han sido unos días muy duros».

Atravesamos la puerta giratoria y nos dirigimos hacia la calle. Mientras caminábamos, le pregunté qué había provocado el espectacular desplome de los Broncos.

«La mejor ofensiva es una buena defensa», respondió. «Por desgracia, no contábamos con ninguna de las dos».

Al acercarme a la siguiente etapa del libro, no puedo evitar pensar en esta estrategia. Cuando tienes una buena defensa, puedes ir tras tu oponente sin miedo a que te sorprenda o te supere. Es como establecer cimientos sólidos antes de construir un edificio. Hacer esto funciona en la construcción, en el deporte y, también, en la teología. Si se tiene una posición doctrinal bien fundamentada y apoyada en una exégesis precisa de las Escrituras, se tiene la libertad de cuestionar las posiciones de la otra parte. Sin embargo, si se empieza desde un terreno inestable, sin respaldo bíblico o sin posiciones claramente pensadas, estarás todo el tiempo susceptible a preguntas bien formuladas o a argumentos que suenan bíblicos.

Por lo tanto, en los próximos dos capítulos, me propongo, en primer lugar, presentar pruebas sólidas del lugar que Israel ocupó y siempre ocupará en el plan de Dios para el mundo. En segundo lugar, analizaré algunos de los principales argumentos en los que se basa la teología del reemplazo para defender sus creencias y explicaré por qué no resisten el escrutinio bíblico. Mi objetivo es que, al terminar este libro, tengas la certeza de que Israel ha sido el pueblo escogido de Dios desde el momento en que el Decreto de Israel fue dado a Abraham, y que sigue siendo Su pueblo escogido, tal como existe en el Estado de Israel hoy. Esto no cambiará hasta el día en que se establezcan los nuevos cielos y la nueva tierra, cuando se eliminen todas las distinciones y todos los que pertenezcan a Dios compartan la misma gloriosa herencia.

UN BAILE DE TRES

¿Por qué creó Dios el mundo? Porque estaba en Su naturaleza hacerlo. Como Dios creador, deseaba encontrar una forma de expresar Su carácter. Vemos perfección en los sistemas del mundo porque Dios es un Dios perfecto. Observamos belleza, simetría, colores y variedad porque Dios es un artista creativo que diseñó los matices del arcoíris, las peculiaridades de las alas de una mariposa y la extraordinaria forma del recién nacido que se acurruca en los brazos de su madre.

De manera similar, como nuestro Creador es el matemático, el físico y el biólogo perfecto, ahora podemos utilizar la nanotecnología para observar los diminutos procesos internos y las máquinas biológicas que permiten el funcionamiento de nuestro cuerpo a nivel microscópico. Desde las partículas infinitesimales hasta la vastedad del universo, la creación proclama la gloria de Dios.

El propósito de la creación, sin embargo, va más allá de ser una expresión de los magníficos talentos de Dios. Dios también

58 EL DECRETO DE ISRAEL

quería demostrar Su carácter de una forma real y práctica. Para entender esto, debemos retroceder hasta el nivel más macro. Es desde esta perspectiva que podemos ver la mano de Dios en acción.

En la historia del mundo, desde la creación del cielo y la tierra hasta la recreación de los nuevos cielos y la nueva tierra, hay cuatro actores principales. El primero es Israel. El segundo es la Iglesia. El tercero es el mundo incrédulo. Y hay un cuarto actor: los seres celestiales. Sin embargo, esta cuarta categoría no es importante para nuestra discusión actual. Entre los tres primeros, existe una interacción constante, que comienza con Israel y el mundo incrédulo, y desde el día de Pentecostés, también con la Iglesia.

La mayor parte de Israel es, actualmente, una porción del mundo incrédulo y sufrirá las consecuencias de no seguir a Cristo. Sin embargo, el pueblo de Israel también puede integrar la Iglesia a través de la fe en Yeshúa. Yo soy un ejemplo de ello, al igual que todos los apóstoles y gran parte de la Iglesia primitiva. Pablo se apresuró a recordar a los filipenses su pedigrí, diciendo: «Si alguno piensa que tiene de qué confiar en la carne, yo más: circuncidado al octavo día, del linaje de Israel, de la tribu de Benjamín, hebreo de hebreos; en cuanto a la ley, fariseo; en cuanto a celo, perseguidor de la iglesia; en cuanto a la justicia que es en la ley, irreprensible» (Filipenses 3:4-6). Aunque Pablo cesó las actividades persecutorias que mencionó al final de su minidiatriba, nunca renegó de la ascendencia que celebraba al principio.

En cuanto a la Iglesia, esta mantiene su lugar. Por mucho que algunos lo deseen, la Iglesia no puede convertirse en Israel.

Un fundamento sólido y duradero 59

El pueblo de Israel es un cuerpo étnico escogido por Dios para un propósito particular, y Él no necesita que un grupo de *goyim* cruce las líneas y mezcle las categorías. De la misma manera, los que están en la Iglesia no pueden volverse parte del mundo incrédulo. Cuando eres salvo, pasas a integrar la familia de Dios y eres adoptado en la Iglesia a través del Espíritu Santo. La vida eterna comienza en ese momento y no puede ser arrebatada. Pablo lo expresó de esta manera:

> ¿Quién nos separará del amor de Cristo? ¿Tribulación, o angustia, o persecución, o hambre, o desnudez, o peligro, o espada? Como está escrito: por causa de ti somos muertos todo el tiempo; somos contados como ovejas de matadero. Antes, en todas estas cosas somos más que vencedores por medio de aquel que nos amó. Por lo cual estoy seguro de que ni la muerte, ni la vida, ni ángeles, ni principados, ni potestades, ni lo presente, ni lo por venir, ni lo alto, ni lo profundo, ni ninguna otra cosa creada nos podrá separar del amor de Dios, que es en Cristo Jesús Señor nuestro. (Romanos 8:35-39)

¿Qué falta en esa lista? Nada. Lo incluye todo. La salvación que recibimos por medio de la muerte de Cristo en la cruz no es como un permiso de conducir para menores de edad. No es una tarjeta temporal que guardas en la billetera como un marcador con la esperanza de que algún día sea definitiva. Hay quienes piensan que, mientras no acumules multas, no choques con otros vehículos o no provoques un accidente en la calle, obtendrás tu «licencia de salvación». No obstante, no funciona así.

No existe algo como una vida eterna temporal. Es como el embarazo: o estás salvo o no lo estás. Y cuando recibes a Jesús como tu Salvador y Señor, eres completamente salvo, al cien por ciento. Juan lo dejó muy claro cuando escribió: «Y este es el testimonio: que Dios nos ha dado vida eterna; y esta vida está en su Hijo. El que tiene al Hijo tiene la vida; el que no tiene al Hijo de Dios no tiene la vida» (1 Juan 5:11-12).

No te confundas. Israel puede ser espiritual o no espiritual, un tema que exploraremos con más detalle en el próximo capítulo. Sin embargo, por definición, la Iglesia es únicamente espiritual. Cuando los incrédulos, sean judíos o gentiles, reciben a Yeshúa como su Salvador y Señor, su espíritu, antes muerto, cobra de repente vida. Nacen a la vida. Así, mientras todos nacen físicamente, solo los judíos y los gentiles que se entregan al Mesías experimentan este segundo nacimiento. Nacen de nuevo en el espíritu.

La Iglesia es el punto de reunión espiritual de todas las personas nacidas de nuevo, tanto judíos como gentiles. El Israel físico no es ese punto de encuentro; de lo contrario, los judíos simplemente se quedarían donde están. Corporalmente, los judíos y los gentiles siempre permanecen como tales, pero espiritualmente pueden unirse en la familia de Dios: la Iglesia. Y por «la Iglesia» no me refiero a una denominación, religión o grupo étnico. Hablo únicamente de aquellos que han cumplido el mandato de Pablo «que si confesares con tu boca que Jesús es el Señor, y creyeres en tu corazón que Dios le levantó de los muertos, serás salvo. Porque con el corazón se cree para justicia, pero

Un fundamento sólido y duradero

con la boca se confiesa para salvación» (Romanos 10:9-10). La Iglesia es un organismo espiritual que une a todos los que están espiritualmente vivos, de modo que «ya no hay judío ni griego; no hay esclavo ni libre; no hay varón ni mujer; porque todos vosotros sois uno en Cristo Jesús. Y si vosotros sois de Cristo, ciertamente linaje de Abraham sois, y herederos según la promesa» (Gálatas 3:28-29).

Todos los creyentes desde Pentecostés forman parte de la Iglesia, pero algunos también están en Israel. «Perdóname, Amir, pero ¿no vas a abordar que Pablo dijo que todos en la Iglesia son linaje de Abraham y herederos de la promesa?». Sí, por ahora; pero prometo volver a ese punto en el próximo capítulo, cuando encaje mejor en el flujo del relato.

Solo para aclarar: un judío que no cree en Jesús sigue siendo incrédulo. Sin embargo, a través de la fe, puede convertirse en parte de la Iglesia. De hecho, cualquier persona incrédula, sin importar su origen étnico, tiene la oportunidad de llegar a formar parte de la Iglesia gracias al sacrificio de Jesús. Todos los que ahora pertenecen a la Iglesia alguna vez formaron parte del mundo incrédulo, y algunos de ellos también fueron parte de Israel. Pronto llegará el día en que Dios quitará la Iglesia de la tierra, marcando el inicio de un período de siete años en el que castigará la maldad del mundo incrédulo y disciplinará al remanente sobreviviente de Israel. Al final de esos siete años, Jesús regresará con la Iglesia y traerá juicio sobre los incrédulos. Cuando eso suceda, los judíos, finalmente, lo reconocerán como el Mesías a quien traspasaron, entregándole sus vidas de manera individual, «y luego todo Israel será salvo» (Romanos 11:26). ¿Lo tienes claro? Muy bien.

62   EL DECRETO DE ISRAEL

En este plan maravillosamente perfecto, vemos la gracia, la misericordia, la justicia y el amor de Dios. Es como si viviéramos en un desfile a escala universal diseñado de manera específica para revelar la naturaleza de nuestro Creador. ¿Cómo conocemos la gracia y la misericordia del Señor? Todos nosotros, en la Iglesia, experimentamos estas cualidades cuando nuestros pecados fueron perdonados y fuimos adoptados en Su familia. ¿Cómo comprendemos que la justicia es parte del carácter de Dios? La vemos reflejada en la manera en que ha tratado a los impíos a lo largo de la historia. También entendemos el juicio eterno que aguarda a quienes rechazan al Salvador. ¿Y cómo podemos estar seguros de que el amor de Dios por Su pueblo es eterno e inquebrantable, incluso cuando nos desviamos? Para eso tenemos a Israel.

CONSERVAR EL REMANENTE

En el monte Sinaí, Dios hizo un pacto con Israel. Por medio de Moisés, declaró al pueblo: «Ahora, pues, si diereis oído a mi voz, y guardareis mi pacto, vosotros seréis mi especial tesoro sobre todos los pueblos; porque mía es toda la tierra. Y vosotros me seréis un reino de sacerdotes, y gente santa. Estas son las palabras que dirás a los hijos de Israel» (Éxodo 19:5-6). Lo primero que debemos notar aquí es que este pacto no sustituye ni contradice el Decreto de Israel, también conocido como el Pacto Abrahámico, dado en Génesis 12:1-3. En este pasaje, Dios le advierte a Israel sobre las consecuencias de no seguirlo. Sí, Israel continuará siendo especial debido a su linaje físico, pero espiritualmente, no calificará para ser el reino de sacerdotes elegido por

Un fundamento sólido y duradero 63

Dios. La nación de Israel, como un todo, no podrá servir como una nación santa que refleje el carácter de Dios.

Aun así, aunque el Señor rechace espiritualmente a la nación corporativa debido a su pecado, siempre habrá descendientes de Abraham que serán Su pueblo especial en lo espiritual. ¿Recuerdas el enfrentamiento de Elías con los 450 sacerdotes de Baal en el monte Carmelo? Al desafiarlos para invocar fuego del cielo, Elías demostró quién servía al Dios verdadero. Cuando el rey Acab regresó a su palacio tras presenciar el suceso y la posterior masacre de todos los sacerdotes de Baal, le contó lo sucedido a la reina Jezabel. Ella, quien era una de las principales miembros del «club de fans» de Baal en Israel, se enfureció por lo que Elías había hecho y juró matarlo. La noticia no tardó en llegar al anciano profeta, quien huyó lo más rápido que pudo.

Después de huir durante 40 días, Elías llegó al monte Horeb, también conocido como el monte Sinaí. Exhausto, encontró una cueva y se refugió en ella. Fue allí donde Dios se le manifestó. Primero vino un viento, luego un terremoto y después un fuego que sacudió al profeta dentro de su escondite. Sin embargo, no fue hasta que escuchó un silbo apacible y delicado que Elías se acercó a la entrada de la cueva y miró hacia afuera.

«¿Qué haces aquí, Elías?» (1 Reyes 19:13).

Esta pregunta era la oportunidad que el desesperado y frustrado profeta estaba esperando para expresar su pesar: «He sentido un vivo celo por Jehová Dios de los ejércitos; porque los hijos de Israel han dejado tu pacto, han derribado tus altares, y han matado a espada a tus profetas; y solo yo he quedado, y me buscan para quitarme la vida» (versículo 14).

64 **EL DECRETO DE ISRAEL**

Cuando se trataba de la vida espiritual de Israel, Elías pensaba que era un acto en solitario. Creía que todos los demás habían abandonado al Señor, y que si Jezabel lograba cumplir su amenaza de matarlo, el culto al Dios verdadero se extinguiría en el reino del norte. Sin embargo, Dios respondió diciéndole a Elías que volviera a casa porque tenía trabajo para él. Aunque el profeta creía que era el último de su especie, el Señor le aseguró: «Y yo haré que queden en Israel siete mil, cuyas rodillas no se doblaron ante Baal, y cuyas bocas no lo besaron» (versículo 18). En otras palabras: «Elías, eres especial, pero no eres *tan* especial. Tengo otros como tú».

Aunque el remanente de seguidores de Dios era pequeño, aún existía un remanente. Así es como Dios actúa. Incluso cuando una nación se aparta de Él, siempre guarda a algunos cerca. Cuando Isaías habló de la caída de Babilonia, profetizó lo siguiente sobre los principales dioses del imperio más poderoso de la época:

> Se postró Bel, se abatió Nebo; sus imágenes fueron puestas sobre bestias, sobre animales de carga; esas cosas que vosotros solíais llevar son alzadas cual carga, sobre las bestias cansadas. Fueron humillados, fueron abatidos juntamente; no pudieron escaparse de la carga, sino que tuvieron ellos mismos que ir en cautiverio. (Isaías 46:1-2)

El pueblo babilónico intentaría proteger a sus dioses de la destrucción venidera. Colocarían las imágenes talladas en carros, pero el peso sería demasiado para los animales que las

Un fundamento sólido y duradero   65

transportaban. Finalmente, los ídolos serían capturados y llevados al cautiverio. Hasta ahí llegaba el poder de Bel y Nebo.

Entonces, el Señor retomó la narración y habló al pueblo del exilio venidero:

> Oídme, oh casa de Jacob, y todo el resto de la casa de Israel, los que sois traídos por mí desde el vientre, los que sois llevados desde la matriz. Y hasta la vejez yo mismo, y hasta las canas os soportaré yo; yo hice, yo llevaré, yo soportaré y guardaré. (Versículos 3-4)

¡Qué contraste! Mientras el pueblo babilónico intentaba cargar a sus dioses indefensos, el Dios Todopoderoso era quien cargaba a su pueblo. Desde el nacimiento, los sostuvo en Sus brazos, y allí permanecerían hasta la vejez. ¿Y quiénes eran esas personas por las que se preocupaba tanto? Eran el remanente de la casa de Israel: los judíos que permanecieron fieles a Él durante los años oscuros de los reyes Manasés, Amón y Sedequías. Fueron aquellos que, como Daniel, Sadrac, Mesac y Abednego, nunca se apartaron del Señor, incluso cuando fueron arrancados de su tierra y obligados a servir al rey pagano Nabucodonosor. A veces, los descendientes de Abraham que seguían al Señor eran numerosos, y otras veces, pocos. No obstante, siempre hubo un remanente. La luz de la lámpara nunca se apagó por completo.

¿Por qué soportaría Dios tanta idolatría y desprecio por parte de Su pueblo? Es muy sencillo: por amor. Dios eligió tener una relación especial y amorosa con los descendientes de Abraham. Un amor perfecto no es algo que se otorga caprichosamente. Tampoco es algo que se da y luego se quita. Una de las grandes

66 EL DECRETO DE ISRAEL

palabras hebreas utilizadas para describir el amor de Dios hacia Israel es *chesed*, que habla de misericordia, fidelidad y un amor incondicional que perdura pase lo que pase. Esta palabra se repite en cada versículo del magnífico Salmo 136:

> Den gracias al SEÑOR, porque él es bueno;
> su gran amor perdura para siempre.
> Den gracias al Dios de dioses;
> su gran amor perdura para siempre.
> Den gracias al Señor de los señores;
> su gran amor perdura para siempre.
> Al único que hace grandes maravillas;
> su gran amor perdura para siempre.
> (Versículos 1-4 NVI)

El Salmo continúa así durante 26 versículos, cada uno recordando al lector que el *chesed* de Dios es un amor que perdura para siempre. El Señor siente una pasión inquebrantable por Su pueblo.

Debemos admitir que no siempre parece ser así. Cuando los secuaces de Jezabel perseguían a Elías, probablemente él se preguntaba dónde estaba Dios. En los tiempos del rey Manasés, cuando «derramó Manasés mucha sangre inocente en gran manera, hasta llenar a Jerusalén de extremo a extremo» (2 Reyes 21:16), gran parte de esa sangre probablemente provenía de aquellos que se negaban a adorar a sus numerosos ídolos. No obstante, incluso en los momentos más oscuros, Dios nos promete que Él está presente. En Isaías, cuando Sion clamó que Dios la había olvidado y abandonado, Él respondió:

Un fundamento sólido y duradero 67

> ¿Se olvidará la mujer de lo que dio a luz, para dejar de compadecerse del hijo de su vientre? Aunque olvide ella, yo nunca me olvidaré de ti. He aquí que en las palmas de las manos te tengo esculpida; delante de mí están siempre tus muros.
>
> (Isaías 49:15-16)

Para quienes han sido bendecidos con hijos, piensen en la primera vez que tuvieron a su bebé en brazos. Recuerden la profundidad de su amor y su compromiso de cuidar y proteger a ese niño con todo lo que tenían. Si su amor por su hijo era tan rico y profundo, imaginen la inmensidad del amor *chesed* que Dios tiene por ustedes.

«Pero, Amir, ¡Israel renunció a ese amor! El pueblo adoró ídolos y le dio la espalda a Dios. Lo peor de todo, rechazaron y crucificaron al Mesías. ¡Mataron a Dios mismo!».

Primero, aunque Israel ciertamente tuvo algo que ver con enviar a Jesús a la cruz, fue Roma quien lo crucificó. Segundo, no te preocupes: Yeshúa no quedó muerto. Tercero, todo formaba parte del plan del Padre desde antes de la creación, por lo que la crucifixión no fue una sorpresa para nadie en la Deidad. Y, finalmente, ¿es tan escaso lo que crees del amor de Dios?

Imagina que ese bebé que una vez tuviste en tus brazos ahora es un adulto, pero está lejos de Dios. Toma una decisión equivocada tras otra. Te ha lastimado, te ha robado y te ha maldecido en la cara. O tal vez tu hijo se ha convertido en un hombre violento: ha golpeado a su esposa y a sus hijos. Incluso te ha agredido físicamente una o dos veces. ¿O acaso es un depredador? ¿Ha hecho daño a mujeres, ancianos o niños?

Lo sé, son cosas horribles en las que pensar. Sin embargo, no me cabe duda de que algunos de los que están leyendo este libro se encuentran en esa situación. A pesar de todo, no importa lo que haya hecho tu hijo, sigue siendo tu hijo. Tal vez sus palabras hayan destrozado tu corazón y sus acciones te hayan dejado sin aliento. Por desgracia, para algunos, la situación puede volverse insostenible. Trágicamente, por tu bienestar y sobre todo por el de tu hijo, puede que hayas llegado hasta el punto de repudiarlo, diciéndole que no quieres volver a tener nada que ver con él.

Sin embargo, hay muchos otros —me atrevería a decir que la mayoría— que hacen todo lo posible por seguir demostrando su amor a sus hijos, sin importar lo que hagan. A veces, ese amor puede adoptar formas diferentes. En ocasiones, amar significa separarse de ellos por un tiempo, hasta que toquen fondo. En otros casos, puede significar entregarlos a las autoridades para garantizar la protección de las víctimas y que se haga justicia. No obstante, incluso en medio de esas acciones, tu amor nunca mengua. Puede ser puesto a prueba, pero nunca cesa. Si el amor humano puede ser tan firme, tan constante, tan sufrido, ¿cómo podríamos pensar que el amor de Dios es menos?

LEGALISMO SIN CORAZÓN

La relación de Dios con Israel siempre ha sido compleja. Hubo épocas de cercanía, como durante los reinados de David, Ezequías, Josías y otros buenos reyes. No obstante, incluso entonces, la rebelión siempre estaba latente en el reino. Cuando Saúl era rey y sus celos hacia David alcanzaron su punto máximo, conspiró para matar a su leal siervo en la propia casa del joven

Un fundamento sólido y duradero 69

guerrero. La esposa de David y también hija de Saúl, Mical, se enteró del plan y corrió a advertirle a su marido: «Si no salvas tu vida esta noche, mañana serás muerto» (1 Samuel 19:11).

David logró escapar por una ventana, y Mical tomó un ídolo que había en la casa y lo colocó en la cama, cubriéndolo con una manta y usando pelo de cabra para simular la cabeza. Los guardias de Saúl llegaron para vigilar a David y llevarlo al amanecer ante el rey para ejecutarlo. Sin embargo, Mical los engañó, mostrándoles al falso David y diciéndoles que estaba enfermo. Cuando los guardias informaron a Saúl, este estalló de furia y exigió que le llevaran a David en su lecho para acabar con él de una vez. No obstante, cuando los guardias regresaron, se descubrió el engaño.

Lo que más me sorprende de este relato no es el odio de Saúl hacia David ni la complicidad de Mical en la conspiración para engañar a su propio padre. Es la fácil accesibilidad de un ídolo doméstico que pudieron colocar en la cama. ¿Qué hacía allí en primer lugar?

La idolatría era el sistema de creencias dominante en la civilización de aquel tiempo, y los hebreos no eran inmunes a sus influencias. Cuando vivían en Egipto, muchos sucumbieron al atractivo de los dioses paganos de sus amos y adoraban sus ídolos. Cuando Dios dio instrucciones a Moisés para que las transmitiera al pueblo sobre los sacrificios apropiados, concluyó: «Y nunca más ofrecerán sus sacrificios a los demonios, tras de los cuales han fornicado; tendrán esto por estatuto perpetuo por sus edades» (Levítico 17:7). Son palabras duras, pero más allá de centrarnos en el término «fornicación» que describe sus acciones, creo que hay dos palabras aún más importantes: «nunca

70 **EL DECRETO DE ISRAEL**

más». Estas palabras demandan el cese de una práctica que ya se venía realizando.

Lamentablemente, el llamado de Dios a «nunca más» jamás se obedeció del todo. O, si lo fue, fue solo por breves períodos. El libro de Jueces narra ciclos continuos y repetidos en los que el pueblo adoraba a dioses extranjeros, y narra también que Dios llevaba enemigos para enseñarle una lección a Israel mediante la represión, los israelitas reconocían su pecado y clamaban por ayuda, Dios los rescataba y luego volvían a caer en la idolatría. Una y otra vez, en un círculo vicioso.

Estos ciclos también se repitieron durante el gobierno de los distintos reyes. Incluso durante los reinados de algunos de los buenos reyes del sur, los lugares altos de adoración pagana no fueron eliminados y en muchos hogares los ídolos permanecieron. Finalmente, Dios se cansó tanto que envió a su pueblo al exilio para purgar el mal de la nación y permitir que la tierra misma disfrutara del descanso sabático que le habían negado. Cuando los israelitas regresaron del exilio, prometieron seguir a Dios. Al menos, por un tiempo.

Sin embargo, lo que emergió en el Israel postexílico fue un nuevo tipo de idolatría: la adoración de la ley. Aunque tenía sus raíces en el código dado a Moisés, los líderes religiosos de la época, temerosos de volver a caer en la idolatría, llevaron el péndulo al extremo opuesto. Crearon una ley humana para proteger y cercar la ley divina: una barrera impenetrable de 1,000 pies de altura, lo suficientemente alejada de la ley real como para que nadie se arriesgara a quebrantarla. Esta «zona de amortiguamiento» legal, de enormes proporciones, tenía como objetivo salvaguardar la pureza de la nación.

Un fundamento sólido y duradero

No obstante, lo que hicieron para crear este revestimiento protector alrededor de la ley fue succionar el corazón de la Torá y concentrarse en las palabras mismas. Pensaron que mientras siguieran las letras, estarían a salvo. Olvidaron la misericordia, olvidaron la compasión. No les interesaba la paz, el amor ni la comprensión. Sus tradiciones decían: «Hazlo», y la gente lo hacía. Sus tradiciones ordenaban: «No lo hagas», y la gente no lo hacía. Sin excepciones. Sin salvedades.

Estos sacerdotes y fariseos postexílicos no fueron los primeros en intentar esta forma de legalismo vacío, sin alma y mecánico, como si fuera generado por IA. Fue esta mentalidad de la letra de la ley lo que hizo que Dios dijera a los judíos a través del profeta Oseas: «Porque misericordia quiero, y no sacrificio, y conocimiento de Dios más que holocaustos» (6:6). Y en Isaías, Dios acusa al pueblo diciendo: «Porque este pueblo se acerca a mí con su boca, y con sus labios me honra, pero su corazón está lejos de mí, y su temor de mí no es más que un mandamiento de hombres que les ha sido enseñado» (29:13). No había relación entre Dios y el hombre, solo reglas atribuidas a Dios y enseñadas de un hombre a otro. Eso no era lo que el Señor pretendía.

Otro pasaje tuvo un impacto profundo en mi vida. En el primer capítulo de Isaías, el Señor reprendió fuertemente al pueblo de Judá. Él dijo:

> ¿Para qué me sirve, dice Jehová, la multitud de vuestros sacrificios? Hastiado estoy de holocaustos de carneros y de sebo de animales gordos; no quiero sangre de bueyes, ni de ovejas, ni de machos cabríos.

> ¿Quién demanda esto de vuestras manos, cuando venís a presentaros delante de mí para hollar mis atrios? No me traigáis más vana ofrenda; el incienso me es abominación; luna nueva y día de reposo, el convocar asambleas, no lo puedo sufrir; son iniquidad vuestras fiestas solemnes. Vuestras lunas nuevas y vuestras fiestas solemnes las tiene aborrecidas mi alma; me son gravosas; cansado estoy de soportarlas. (Isaías 1:11-14)

Recuerdo, como nuevo creyente, leer estas palabras. Me sacudieron hasta lo más profundo, al punto de casi perder la fe. ¿Cómo podía este Dios de amor y misericordia sonar de repente tan airado e hipócrita? «"¿Para qué me sirve?", preguntas, Señor. Pues porque Tú lo has dicho. Tú estableciste el sistema de sacrificios para que Israel lo siguiera, ¡pero ahora estás destrozando al pueblo por hacer exactamente lo que Tú pediste que hicieran!».

¿Cómo podría un Dios amoroso ser tan caprichoso? ¿Cómo iba a saber si lo que Él quería era obediencia, o si, al hacer lo que Él me pidiera, estaría llevando a cabo lo que Su alma aborrece? Solo después de mucha oración y sabios consejos logré comprender que el pueblo seguía las reglas, pero sin corazón, exactamente lo que Isaías expresó más tarde en el capítulo 6, y lo que Oseas escribió en su libro. Dios quería compasión. Quería misericordia. Quería el corazón. Una vez que tuviera el corazón, seguir las reglas sería el resultado natural.

Israel no lo entendió. Sin embargo, a pesar de todos estos malentendidos sobre la intención de Dios, las aplicaciones erróneas de Su ley y la rebelión abierta del pueblo, el Señor nunca dejó de amar a Israel. Una vez más, piensa en esto como el deseo de Dios no solo de hablar al mundo de Su amor a través de Su gran libro, sino también de demostrar, en la práctica, Su *chesed* inagotable a través de Su relación con el pueblo judío.

LA DISCIPLINA TERMINA, EL AMOR NO

Oseas no lo tenía fácil como profeta. Ser uno de los mensajeros elegidos por Dios no era un trabajo cómodo, ni mucho menos, porque el Señor solía usar sus vidas como ejemplos prácticos y, a veces, duros. En cuanto a las experiencias de la vida real, diría que Oseas estuvo un paso adelante respecto a Isaías, quien anduvo desnudo durante tres años (Isaías 20:1-4), pero un paso atrás de Ezequiel, quien perdió a su amada esposa de la noche a la mañana (Ezequiel 24:15-18).

Cuando el Señor llamó a Oseas para que fuera profeta, lo hizo de manera radical. No le facilitó gradualmente la tarea.

> El principio de la palabra de Jehová por medio de Oseas. Dijo Jehová a Oseas: Ve, tómate una mujer fornicaria, e hijos de fornicación; porque la tierra fornica apartándose de Jehová. Fue, pues, y tomó a Gomer hija de Diblaim, la cual concibió y le dio a luz un hijo. (Oseas 1:2-3)

Palabras fuertes para una tarea dolorosa. Hay que imaginarse que su mente se preguntaría: *¡Caramba! ¿Hay alguna posibilidad de que pase tres días en el vientre de un gran pez?* Sin embargo, al igual que Abraham, que respondió a cada uno de los llamados

74   EL DECRETO DE ISRAEL

de Dios con una reacción igual y apropiada, Oseas obedeció de inmediato. Se casó con la encantadora Gomer y ambos se dispusieron a formar una familia. El primer hijo, un varón, recibió de Dios el nombre de Jezreel, para indicar el porqué y el dónde de la inminente destrucción del reino del norte de Israel. No tengo más que mirar por la ventana trasera de mi casa para ver el valle que lleva el nombre de este niño.

El segundo hijo, una niña, recibió el trágico nombre de Lo-ruhama, que significa «sin piedad» o «no amada». Considerando su nombre y su situación familiar, supongo que esta pobre niña tuvo varios retos que superar. Sin embargo, el nombre de la joven Lo-ruhama tenía un propósito. Era una declaración al reino del norte de que Dios había terminado con ellos. Habían ido demasiado lejos y ahora estaban solos. No obstante, ella también era un aliento para el reino del sur de Judá: Dios aún no los había abandonado y los salvaría milagrosamente del monstruo asirio que estaba a punto de devorar a sus hermanos del norte.

Vino un tercer hijo, otro varón, y se le dio el nombre de Lo-ammi, que significa «no es mi pueblo». No era un buen nombre para un niño, pero era mejor que Lo-ruhama. Era un recordatorio más para el pueblo de Israel en el norte de que ya no eran hijos de Dios. Él rompía con ellos. Habían llegado demasiado lejos.

«Espera un segundo, Amir. Mencionabas que Dios nunca se dio por vencido con Israel. Ahora nos acabas de decir que Lo-ruhama y Lo-ammi eran la prueba viviente de que Él había terminado con ellos». Entiendo lo que dices y comprendo tus conclusiones; pero, como suelo decir, si quieres entender de verdad la Biblia, tienes que seguir leyendo. Contexto, contexto,

Un fundamento sólido y duradero 75

contexto. Si sigues avanzando a través de esta triste historia familiar, verás que Dios hace una promesa:

> Con todo, será el número de los hijos de Israel como la arena del mar, que no se puede medir ni contar. Y en el lugar en donde les fue dicho: Vosotros no sois pueblo mío, les será dicho: Sois hijos del Dios viviente. Y se congregarán los hijos de Judá y de Israel, y nombrarán un solo jefe, y subirán de la tierra; porque el día de Jezreel será grande. Decid a vuestros hermanos: Ammi; y a vuestras hermanas: Ruhama. (Oseas 1:10–2:1)

El contexto lo es todo. Dios estaba harto de *esa* gente, pero aún así tenía un compromiso con *el* pueblo. Esa generación del reino del norte experimentó el justo castigo por su pecado y rebelión. Sin embargo, «ellos» no es incluyente en su totalidad. Dios no descartó a los hijos simbólicamente nombrados de Oseas con el agua sucia. Su amor perfecto, demostrado por Su compromiso con el pueblo judío, es demasiado grande para eso. Por desgracia para Oseas, estaba a punto de ser llevado un paso más para convertirse en el ejemplo perfecto del amor inquebrantable de Dios.

La vida matrimonial no era para Gomer. Había demasiados lugares a los que ir, demasiada gente a la que ver, demasiados hombres a los que… bueno… conocer. Cuando ya no pudo soportarlo más, se marchó. ¿Quién sabe si esto fue un alivio para Oseas o no? Es muy posible que respirara aliviado y pensara: *Bueno, se ha acabado. No puede ponerse peor.* Pasó el tiempo y, de repente, las cosas empeoraron.

76   EL DECRETO DE ISRAEL

> Me dijo otra vez Jehová: Ve, ama a una mujer amada de su compañero, aunque adúltera, como el amor de Jehová para con los hijos de Israel, los cuales miran a dioses ajenos y aman tortas de pasas. La compré entonces para mí por quince siclos de plata y un *homer* y medio de cebada. Y le dije: Tú serás mía durante muchos días; no fornicarás ni tomarás otro varón; lo mismo haré yo contigo. Porque muchos días estarán los hijos de Israel sin rey, sin príncipe, sin sacrificio, sin estatua, sin efod y sin terafines. Después volverán los hijos de Israel, y buscarán a Jehová su Dios, y a David su rey; y temerán a Jehová y a su bondad en el fin de los días.
> (Oseas 3:1-5)

En primer lugar, fíjate en las palabras «como el amor de Jehová para con los hijos de Israel». Dios no le estaba pidiendo a Oseas nada que Él mismo no hubiera tenido que hacer una y otra vez con Su pueblo escogido. Tanto el reino del norte de Israel como el reino del sur de Judá se habían prostituido repetidamente. Sin embargo, aun así, el amor de Dios nunca se agotó. Y nunca se agotará.

¿Cómo sé que el amor de Dios permanecerá? Observa la última oración. Los hijos de Israel volverán a Dios y buscarán ser gobernados por el linaje de David. Ellos serán la nación que Él quiso que fueran cuando el Decreto de Israel fue dado por primera vez, viviendo de acuerdo con el único estándar que nunca habían sido capaces de cumplir: ser un testigo de Dios ante las naciones.

Un fundamento sólido y duradero 77

Hay quienes relacionarán esto con la primera epístola de Pedro, y con razón. Es imposible pasar por alto las conexiones:

> Mas vosotros sois linaje escogido, real sacerdocio, nación santa, pueblo adquirido por Dios, para que anunciéis las virtudes de aquel que os llamó de las tinieblas a su luz admirable; vosotros que en otro tiempo no erais pueblo, pero que ahora sois pueblo de Dios; que en otro tiempo no habíais alcanzado misericordia, pero ahora habéis alcanzado misericordia. (1 Pedro 2:9-10)

Antes de la salvación, los que componían la Iglesia eran un grupo de personas diversas de diferentes naciones y orígenes variados. No obstante, Dios ha unido a todos los creyentes en un solo cuerpo con el propósito de mostrar Su luz al mundo. En un tiempo, todos éramos «Lo-ammi», gente cualquiera, pero ahora somos un pueblo. Antes estábamos muertos en nuestros pecados, separados de la misericordia de Dios. Sin embargo, ahora Él ha tomado «Lo-ruhama» y nos ha transformado en personas que han recibido Su misericordia, que cambia vidas. Sin duda, Pedro tenía en mente este pasaje de Oseas cuando escribió su epístola.

Sin embargo, es un error ilógico afirmar que el segundo ha reemplazado al primero, es decir, que la Iglesia ha ocupado el lugar de Israel. No hay nada en las palabras de Oseas ni en las de Pedro que indique que se haya producido una sustitución. Esto no es una cuestión de «uno u otro». Israel perdió su llamado de ser testigo de Dios ante el mundo, pero el amor y la misericordia del Señor restaurarán algún día al pueblo judío en ese papel. Mientras tanto, Él ha encomendado esta misión a la Iglesia, que antes no era un pueblo, pero que ahora, tras recibir la misericordia de Dios, forma una sola familia.

Como dijimos antes, Dios está contando Su historia, revelándose a sí mismo, y lo hace a través de Israel, de la Iglesia y del mundo incrédulo. Imponemos restricciones innecesarias e inapropiadas cuando decimos que Él solo puede obrar a través de un grupo a la vez. Es Su historia. Dejemos que Él la cuente a Su manera.

Una última pregunta: ¿ha ocurrido ya la restauración de Israel predicha en Oseas 3? No que yo haya visto, y he buscado atentamente en mi país. No fue una realidad en el Israel legalista postexílico, y ciertamente no lo es en el Israel secular y hedonista de hoy. ¿Podríamos haberla pasado por alto? ¿Podría la restauración de Israel haber sido un breve destello, algo que estuvo aquí y desapareció al instante? ¿Pudo el primer grupo de Zorobabel o tal vez la nación bajo Esdras o Nehemías haber vivido ese destello lo suficiente como para cumplir con los requisitos proféticos mínimos?

Las palabras de Oseas nos dicen que no. Sin embargo, él también nos asegura que no debemos preocuparnos. Este último momento de «regresar a Yeshúa» no llegará hasta «el fin de los días» (Oseas 3:5). ¿Cómo será eso? Ya lo sabemos. Ya lo hemos mencionado. Cuando el Señor regrese con Su Iglesia al monte de los Olivos al final de la tribulación, el pueblo de Israel reconocerá al Mesías que rechazaron. Temerán al Señor y se asombrarán de Su bondad y amor inagotable. Cayendo de rodillas, se arrepentirán de su pecado y rebelión, y «luego todo Israel será salvo» (Romanos 11:26).

¡Qué espectáculo asombroso será!

CAPÍTULO 4

NO SE PUEDE «DESISRAELIZAR» A ISRAEL

El Señor me ha bendecido con una esposa increíble, y juntos tenemos cuatro hijos: tres varones y una mujer. Mi hijo mayor ama al Señor y con su vida da ejemplo a sus hermanos menores. Esto no es inusual para un primogénito, que normalmente asume ese papel como líder de los niños. Sin embargo, mi hija, la segunda en orden de nacimiento, también es muy fuerte por derecho propio. De hecho, tras los horribles sucesos del 7 de octubre, fue la primera de nuestra familia en presentarse como voluntaria en su unidad de reserva para volver al servicio activo. Con el tiempo, tanto su hermano mayor como el que está justo detrás de ella también sirvieron. Nuestro hijo menor aún no tiene edad para ello. Todos nuestros hijos son extraordinarios y están dotados a su manera. Son nuestras similitudes y diferencias lo que nos convierte en una familia.

¿Por qué necesitaba Dios tanto a Israel como a la Iglesia? ¿No podría haberse contentado con uno u otro? Por supuesto que sí. Él es Dios. Sin embargo, al trazar el plan que mejor mostraría Su

80 EL DECRETO DE ISRAEL

carácter al mundo, determinó que dos son mejor que uno en Su familia. Recuerda, Él le dio a Israel por lo menos tres maneras de bendecir a las naciones. Darle al mundo Su Palabra: hecho. Darle al mundo al Salvador: hecho. Ser el testigo de Dios a la humanidad: *uy*, no tanto. Por eso fue tan grandioso que hubiera un hermano menor que viniera y tomara el relevo. Qué maravilloso fue que la Iglesia pudiera asumir el papel de sal y luz, difundiendo la verdad a las naciones.

No obstante, la misión de la Iglesia no se limita al mundo en general. También es específicamente para su hermano mayor, Israel. Israel tiene religión. La Iglesia tiene relación. Israel tiene ley. La Iglesia tiene amor. Es como si el pueblo de Israel estuviera ahora fuera del Edén, hablando y soñando con lo que debe ser dentro, mientras elevan oraciones rituales al Dios que vive más allá de las espadas llameantes de los querubines guardianes. La Iglesia, mientras tanto, está dentro del huerto, adorando en presencia del Señor y en comunión con Él cara a cara. El plan, tal y como Dios lo ha trazado, es que Israel, el de fuera, sea provocado a celos (Romanos 11:11) por los de adentro al escuchar toda la alegría, la celebración y la algarabía que están teniendo lugar. Lo que encontrarán un día es que cuando se acerquen a los querubines guardianes a través de la fe en Yeshúa, a quien antes habían rechazado, las espadas flamígeras se separarán, y podrán entrar directamente a la presencia de Dios.

¡Qué hermoso plan! Demasiado intrincado para un «o uno o el otro», pero perfectamente adecuado para el «tanto/como» de Dios.

¿ACASO NO TODO ISRAEL ES REALMENTE ISRAEL?

Hasta ahora, en este libro hemos visto la base jurídica de la existencia del Estado de Israel. También hemos abordado los orígenes de esta nación elegida y la promesa de su naturaleza eterna. En el capítulo más reciente, vimos cómo el decreto del pacto de Dios es mucho mayor que cualquier rebelión o pecado humano. La iniquidad individual llevará a las personas a la separación eterna de Dios, pero esto no es suficiente para negar un compromiso mayor a nivel nacional hecho por el Señor, no importa cuán alto sea el porcentaje de individuos rebeldes. En otras palabras, el pecado humano no puede negar la promesa colectiva de Dios.

Volviendo a nuestra analogía futbolística, la defensa de nuestro equipo ha sido establecida y respaldada por las Escrituras. El pueblo del Israel moderno es la nación amada del linaje físico de Abraham. Si no lo fuera, entonces, para la Iglesia, lo que está sucediendo en Israel no es diferente de la guerra entre Rusia y Ucrania o las batallas transfronterizas que los kurdos están teniendo con Irán, Turquía y otros. Sin embargo, por ser el pueblo elegido de Dios, la Iglesia tiene la obligación de cuidar y orar por la nación.

Una vez sentado este firme cimiento, podemos pasar a la ofensiva y abordar algunos de los principales pasajes bíblicos utilizados por los teólogos reformados para apoyar su creencia de que, ya sea por el plan original o por la pérdida pecaminosa de Israel, la Iglesia ha sustituido a Israel como pueblo elegido de Dios.

82   **EL DECRETO DE ISRAEL**

A primera vista, Romanos 2:28-29 puede presentar un problema espinoso. Pablo escribió:

> Pues no es judío el que lo es exteriormente, ni es la circuncisión la que se hace exteriormente en la carne; sino que es judío el que lo es en lo interior, y la circuncisión es la del corazón, en espíritu, no en letra; la alabanza del cual no viene de los hombres, sino de Dios.

¡Ay! Para algunos, esto significa que los judíos que se creen judíos de verdad ¡no lo son! Puede que lo hayan sido en el pasado, pero ahora hay un nuevo pacto. Lo físico ya no importa. Ese es el viejo pacto. Lo que importa ahora es espiritual. Así que olvida tu pedigrí y mira tu corazón. Si tú has sido sellado por el Espíritu Santo a través de la salvación, solo entonces puedes ser un verdadero judío, incluso si resulta que eres un gentil.

Antes de responder a esto, podría añadir otro pasaje de Romanos, porque estos dos parecen decir lo mismo:

> No que la palabra de Dios haya fallado; porque no todos los que descienden de Israel son israelitas, ni por ser descendientes de Abraham, son todos hijos; sino: en Isaac te será llamada descendencia. Esto es: no los que son hijos según la carne son los hijos de Dios, sino que los que son hijos según la promesa son contados como descendientes. (9:6-8)

Una vez más, Pablo parece estar diciendo que dejes de poner tu fe en la carne. El hecho de haber nacido de Israel no significa

No se puede «desisraelizar» a Israel　　　83

que en realidad seamos de Israel, al menos no en el sentido que realmente importa. El pueblo del Israel físico no son realmente los hijos de Dios. Ese apelativo pertenece a los hijos de la promesa. ¿Dónde se encuentran en la actualidad estos hijos de la promesa? En la Iglesia.

El problema con la interpretación sustitutiva de estos pasajes radica en la presuposición subyacente que obliga a los partidarios de la sustitución a ver las afirmaciones de Pablo como palabras de negación y no de adición: «Si no son hijos espirituales de Dios, entonces no pueden ser hijos de Dios en absoluto. ¿Por qué? Porque solo puede haber un único grupo de hijos de Dios». A eso responderé con la misma pregunta: ¿Por qué? ¿Dónde dice la Escritura que Dios debe descartar a los primeros para aceptar a los segundos? ¿Por qué Dios no puede seguir teniendo un plan especial para el linaje físico de Abraham mientras lleva a cabo Su plan para un linaje espiritual de Abraham?

La única manera de hacer que estos pasajes encajen en una doctrina de reemplazo es ir con la presuposición de que está bien redefinir los significados de las palabras. O, aún más, decir que Pablo pretendía que el lector redefiniera los significados de las palabras. «Voy a usar la palabra *Israel* aquí, pensando que los lectores ya se habrán dado cuenta de que en realidad me refiero a la *Iglesia*. Es decir, ya lo he insinuado bastante, ¿no?». Sin embargo, si nos fijamos en las casi 80 veces que se utiliza «Israel» en el Nuevo Testamento, ni una sola vez se refiere a alguien que no sea étnicamente judío. Incluso en Romanos 2, ¿a quién se dirige Pablo?

> He aquí, tú tienes el sobrenombre de judío, y te apoyas en la ley, y te glorías en Dios, y conoces su

84 EL DECRETO DE ISRAEL

> voluntad, e instruido por la ley apruebas lo mejor,
> y confías en que eres guía de los ciegos, luz de los
> que están en tinieblas, instructor de los indoctos,
> maestro de niños, que tienes en la ley la forma de la
> ciencia y de la verdad. (Versículos 17-20)

Las palabras de Pablo están dirigidas a Israel y desafían al pueblo a no confiar únicamente en la ley ni en su herencia para alcanzar la salvación. Dios ha provisto un camino diferente: el camino de Yeshúa, cuyo evangelio es el poder de Dios para la salvación de toda persona creyente, «al judío primeramente, y también al griego» (1:16). En la carne, estos dos grupos étnicos siguen siendo partes separadas del gran despliegue de Dios para mostrar Su carácter al mundo. Es solo en el reino espiritual, en Cristo Jesús, que estamos unidos como hijos espirituales.

> Ya no hay judío ni griego; no hay esclavo ni libre; no
> hay varón ni mujer; porque todos vosotros sois uno
> en Cristo Jesús. Y si vosotros sois de Cristo, cierta-
> mente linaje de Abraham sois, y herederos según la
> promesa. (Gálatas 3:28-29)

En el cuerpo de Cristo, los judíos y los griegos se convierten en uno. Juntos, somos la simiente espiritual de Abraham, pero eso no significa que las distinciones desaparezcan. En los tiempos de Pablo, había creyentes que eran esclavos y otros que eran libres, lo que marcaba una diferencia evidente. Creas lo que creas, los géneros masculino y femenino siempre serán diferentes, sin importar los consejos de los terapeutas o la cantidad de

No se puede «desisraelizar» a Israel   85

hormonas que alguien pueda inyectarse en el cuerpo. Entonces, ¿por qué cuando se trata de etnias los defensores de la doctrina del reemplazo afirman que las diferencias desaparecen?

Un judío siempre será judío y un gentil siempre será gentil. Físicamente, comienzan en categorías distintas, pero espiritualmente, ambos nacen en el mismo estado de perdición. «No hay justo, ni aun uno» (Romanos 3:10). En la carne, ninguno puede pasar de una categoría a la otra. Los judíos, como pueblo, siempre serán los elegidos físicos de Dios, y los gentiles no. Sin embargo, en lo espiritual, ambos tienen exactamente la misma oportunidad de pasar de no salvos a salvos mediante la misma metodología: «Porque la paga del pecado es muerte, mas la dádiva de Dios es vida eterna en Cristo Jesús Señor nuestro» (Romanos 6:23).

La única ventaja que recibieron los judíos en cuanto a la salvación fue que, cuando llegó la verdad, vino primero a ellos. Sin embargo, cuando Jesús fue rechazado por el liderazgo espiritual de Israel, el evangelio fue llevado a los gentiles. Pronto llegará el día en que, una vez más, Cristo se revelará a la nación de Israel, y en ese bendito día, el pueblo judío estará finalmente preparado para aceptarlo como su Mesías prometido.

¿ESTÁ DIOS QUITANDO EL REINO A ISRAEL Y DÁNDOSELO A OTRO?

Otro pasaje que los teólogos del reemplazo utilizan es pronunciado por Jesús durante la última semana antes de Su crucifixión. El Señor se encuentra en el templo, discutiendo con los principales sacerdotes y fariseos. Les ha negado su petición de

86   EL DECRETO DE ISRAEL

verificar la autoridad de Sus enseñanzas. Contó dos parábolas —una sobre dos hijos y otra sobre un terrateniente— ambas criticando duramente a los líderes espirituales por su incredulidad y su rechazo a los profetas de Dios. Para culminar, declara: «Por tanto os digo, que el reino de Dios será quitado de vosotros, y será dado a gente que produzca los frutos de él» (Mateo 21:43). ¿El reino de Dios quitado y dado a otro? No puede haber palabras más duras.

Para entender lo que Jesús está diciendo, debemos responder dos preguntas. Primero, ¿qué es el reino de Dios? Segundo, ¿a quién va dirigido este mensaje? Cuando examinamos la frase «reino de Dios», lo primero es notar lo que no dice. No menciona la tierra. No hace referencia explícita a la relación con el Padre. De hecho, en ninguna parte de este pasaje se alude al Decreto de Israel dado a Abraham, salvo por una pequeña porción de la bendición.

Recuerda que la bendición vino en tres partes. Estaba la Palabra de Dios. Obviamente, Jesús no se refería a eso, ya que el Nuevo Testamento aún debía ser escrito por manos judías. Luego estaba la llegada del Mesías, y esa podía ser enfáticamente tachada de la lista como cumplida. Por último, quedaban el testimonio de Dios y Su salvación al mundo. Este último aspecto fue tan mal manejado por Israel que nadie con una verdadera perspectiva podría argumentar que no habían perdido su oportunidad.

El «reino de Dios» mencionado aquí se refiere a la relación espiritual con el Señor, la cual se obtiene a través de Yeshúa. Israel no la estaba viviendo ni la estaba dando a conocer; por lo tanto, Dios iba a transferir esa responsabilidad a una nueva entidad: la

No se puede «desisraelizar» a Israel   87

Iglesia. Sin embargo, Jesús no menciona aquí ninguna otra faceta de la relación del Padre con Israel. Siguen siendo Sus hijos físicos, tal como lo han sido siempre. Desafortunadamente, su rebeldía, expresada a través de la idolatría hacia la ley, los llevó a un punto donde tendrían que enfrentar un amor muy duro para ser conducidos a un genuino arrepentimiento. De eso trata la tribulación, un periodo centrado en Israel, descrito en las Escrituras como «tiempo de angustia para Jacob» (Jeremías 30:7).

La segunda pregunta que debemos hacernos es: ¿a quién se dirige Jesús? Otra vez, todo depende del contexto. Jesús comenzó el capítulo 21 hablando con los principales sacerdotes y con los fariseos, y al final del capítulo podemos confirmar que ellos seguían siendo Su audiencia. Mateo escribió: «Y oyendo sus parábolas los principales sacerdotes y los fariseos, entendieron que hablaba de ellos» (21:45). La amonestación de Jesús estaba dirigida específicamente a los líderes religiosos. ¿Por qué los confrontaba? Porque eran pésimos pastores. En lugar de acercar al pueblo a Dios, lo alejaban. Eran como flautistas espirituales, pero estaban guiando al pueblo hacia la despiadada idolatría del legalismo.

En una de las airadas diatribas de Jesús contra los líderes espirituales y los expertos en la ley de la Torá, los acusó diciendo: «¡Ay de vosotros también, intérpretes de la ley!, porque cargáis a los hombres con cargas que no pueden llevar, pero vosotros ni aun con un dedo las tocáis. [...] Porque habéis quitado la llave de la ciencia; vosotros mismos no entrasteis, y a los que entraban se lo impedisteis» (Lucas 11:46,52). Agobiaban al pueblo con una lista interminable de lo que debían y no debían hacer, y cuando el peso se volvía insoportable, simplemente observaban

EL DECRETO DE ISRAEL

cómo se desplomaban. Estos líderes tenían pleno acceso al camino que habría conducido al pueblo de Israel a los verdes prados de la verdad, pero descuidaron su responsabilidad. En lugar de trabajar arduamente por el bienestar de las ovejas, se deleitaban en recibir gloria, honor y admiración del pueblo.

Lamentablemente, esto no era algo nuevo entre los líderes espirituales de Israel. A través de Jeremías, el Señor condenó a los pastores de Israel:

> ¡Ay de los pastores que destruyen y dispersan las ovejas de mi rebaño!, dice Jehová. Por tanto, así ha dicho Jehová Dios de Israel a los pastores que apacientan mi pueblo: Vosotros dispersasteis mis ovejas, y las espantasteis, y no las habéis cuidado. He aquí que yo castigo la maldad de vuestras obras, dice Jehová. Y yo mismo recogeré el remanente de mis ovejas de todas las tierras adonde las eché, y las haré volver a sus moradas; y crecerán y se multiplicarán. Y pondré sobre ellas pastores que las apacienten; y no temerán más, ni se amedrentarán, ni serán menoscabadas, dice Jehová. (Jeremías 23:1-4)

Los pastores descuidaron sus responsabilidades, y el pueblo se tragó sus mentiras. Por lo tanto, toda la nación pagaría un alto precio. Sin embargo, observa que, aunque Dios condenó a los pastores, le dio al pueblo una promesa. Después de que su período de disciplina terminara, Él traería un remanente de regreso a la tierra de Israel. Allí estarían bajo el cuidado de verdaderos pastores, quienes les proveerían con el alimento espiritual

No se puede «desisraelizar» a Israel

89

que les había faltado. ¿No suena esto exactamente como lo que hemos estado diciendo sobre el plan de Dios para Israel durante la tribulación?

En Ezequiel 34 encontramos la misma historia. Los pastores se negaron a guiar adecuadamente a las ovejas, lo que resultó en su dispersión. Entonces, Dios intervino diciendo: «He aquí, yo estoy contra los pastores; y demandaré mis ovejas de su mano…» (versículo 10). El Señor tomará el rol de pastor y devolverá el rebaño a los altos montes de Israel. Él prometió: «En buenos pastos las apacentaré, y en los altos montes de Israel estará su aprisco; allí dormirán en buen redil, y en pastos suculentos serán apacentadas sobre los montes de Israel» (versículo 14).

En Jeremías y Ezequiel, así como en la reprensión de Jesús en Mateo, los destinatarios son los líderes espirituales de Israel que descuidaron su papel como pastores. A ellos es a quienes Dios rechaza. Las ovejas, por su parte, son responsables de sus propios pecados y, en consecuencia, son dispersadas como castigo. Sin embargo, en ningún momento el Señor les da la espalda de manera permanente. Siguen siendo Su rebaño. El remanente permanece.

En el mundo actual, estamos presenciando un tiempo en el que Israel ha sido traído de regreso a la tierra, en cumplimiento de la promesa de Ezequiel. Es cierto que el pueblo regresó después del exilio, pero el liderazgo espiritual piadoso que tenía no perduró por mucho tiempo. Si continuamos leyendo Ezequiel 34, veremos que viene un tiempo de paz en la tierra como nunca antes se ha visto. No se trata solo de una paz entre naciones, sino también entre la humanidad y la naturaleza. No hay suficiente espacio aquí para profundizar en todo lo que

90 EL DECRETO DE ISRAEL

se describe en los últimos 12 versículos del capítulo, pero si los lees, descubrirás que contienen una maravillosa promesa que solo podrá cumplirse cuando el Salvador esté reinando desde Su trono en Jerusalén.

¿SON HIJOS DE ABRAHAM SOLO LOS DE FE?

Nuestro siguiente pasaje controvertido se encuentra en Gálatas 3. En esta carta a la iglesia de Galacia, Pablo comienza con un tono contundente. Había pensado que todo marchaba bien allí, pero luego le llegaron rumores de que algunos judaizantes habían irrumpido en la comunidad. Estos líderes judíos legalistas llegaron proclamando: «Oye, está bien tener fe, pero también es necesario seguir la Torá». Los gentiles de la iglesia de Galacia comenzaron a confundirse. Al fin y al cabo, estos eran judíos de aspecto imponente, vestidos de manera llamativa, que usaban palabras sofisticadas para reprender su falta de ley. El cristianismo había comenzado con los judíos, así que ¿quiénes eran ellos, como gentiles, para cuestionar lo que estas personas decían? Además, todas esas reglas, fiestas y rituales parecían importantes. Tal vez estos nuevos «alguaciles espirituales» tenían razón, y Pablo había olvidado mencionarles, accidentalmente, la parte de la ley.

Pablo no perdió tiempo en refutar esto:

> Estoy maravillado de que tan pronto os hayáis alejado del que os llamó por la gracia de Cristo, para seguir un evangelio diferente. No que haya otro, sino que hay algunos que os perturban y quieren

No se puede «desisraelizar» a Israel 91

> pervertir el evangelio de Cristo. Mas si aun nosotros,
> o un ángel del cielo, os anunciare otro evangelio di-
> ferente del que os hemos anunciado, sea anatema.
> Como antes hemos dicho, también ahora lo repito:
> si alguno os predica diferente evangelio del que ha-
> béis recibido, sea anatema. (Gálatas 1:6-9)

A continuación, Pablo presenta su pedigrí espiritual, descri-
biendo sus primeros años como parte de la Iglesia. Finalmente,
llega a una declaración culminante: «Con Cristo estoy junta-
mente crucificado, y ya no vivo yo, mas vive Cristo en mí; y lo
que ahora vivo en la carne, lo vivo en la fe del Hijo de Dios, el
cual me amó y se entregó a sí mismo por mí. No desecho la gracia de Dios; pues si por la ley fuese la justicia, entonces por demás murió Cristo» (2:20-21). ¡Es la gracia, no la ley, la que salva!

Sin embargo, Pablo no se detiene ahí. Todavía está furioso,
como lo demuestra su siguiente frase: «¡Oh gálatas insensatos!»
(3:1). Les insta a reflexionar sobre su propia experiencia de salvación: ¿fue por la ley o por la gracia? O, si quieren remontar-
se aún más atrás, pueden considerar al destinatario del Decreto
de Israel: Abraham. ¿Fue Abraham justificado por la ley? ¡Por
supuesto que no! Ni siquiera existía la ley en su tiempo. Pablo
escribió: «Así Abraham creyó a Dios, y le fue contado por justicia» (3:6).

Ahora llegamos al versículo decisivo: «Sabed, por tanto,
que los que son de fe, estos son hijos de Abraham» (versículo
7). Siento que ya podrías continuar desarrollando el resto de
este párrafo, pero lo escribiré de todos modos, porque quiero
que esto se convierta en algo natural para ti. A Abraham se le

prometió tierra, descendencia y bendición. La tierra es Israel y la descendencia son los judíos. ¿Cuántas partes tiene la bendición? Tres. Los descendientes de Abraham serían una bendición a través de la Palabra de Dios, el Mesías, y su testimonio espiritual. Sin embargo, no fueron una bendición, al menos no en lo que respecta a la tercera parte.

Al pueblo de Israel se le dio una oportunidad tras otra para cumplir su misión espiritual, pero, salvo por algunos breves momentos, nunca pudieron vivir plenamente la verdad de Dios ante las naciones. Así que Dios les quitó esa única parte espiritual de la bendición y se la dio a la Iglesia. ¿Qué pasó con el resto del Pacto Abrahámico? Jesús nunca dejó de ser judío. La Biblia no fue reemplazada por una nueva versión gentil. Esas dos partes de la bendición permanecieron firmes e intactas. Entonces, ¿por qué diríamos ahora que la promesa de la descendencia física ya no importa y que la garantía de la tierra física es ahora discutible?

¿O estamos sugiriendo que las tres partes del pacto con Abraham, incluyendo la descendencia y la tierra, ahora pertenecen a la Iglesia? La única forma de hacerlo sería espiritualizando todo, y la única manera de lograrlo sería alegorizando las palabras del Pacto Abrahámico. La promesa de Dios de una tierra física para Israel se convierte en la imagen de una promesa mayor de una tierra espiritual para la Iglesia, un nuevo cielo y una nueva tierra. La promesa de Dios de la descendencia física, cumplida en la nación de Israel, ahora se reemplaza por la verdadera descendencia espiritual: un nuevo pueblo, una nación santa, formado por los verdaderos hijos de la fe de Abraham, que solo se encuentran en la Iglesia.

Sin embargo, ¿por qué lo haríamos? ¿Cuál es la compulsión que lleva a algunos a darle a esta simple y literal promesa dada a Abraham un significado tan forzado y complicado? La respuesta ya la vimos antes en las palabras y actitudes de los padres de la Iglesia, que estaban decididos a eliminar a «Israel, asesino de Cristo» del plan de Dios, cueste lo que cueste.

Es únicamente en el ámbito espiritual relacionado con la salvación donde tiene sentido bautizar a todas las personas de fe como hijos de Abraham. Fuera de ese único contexto, nada más puede ser tocado lógica o bíblicamente. ¿Por qué no hay una gran afluencia de nuevos creyentes gentiles que se trasladen a Israel? Porque no es su tierra. No hay atracción. No obstante, hay una gran avalancha de judíos no creyentes que están haciendo *aliá* a la tierra prometida. No tienen a Dios, pero aun así van, porque en lo profundo de su ser sienten el llamado. Como vimos en Ezequiel, Dios dijo que guiaría a Su pueblo de regreso. Ese movimiento está ocurriendo mientras lees estas palabras.

¿QUÉ SIGNIFICA EL ISRAEL DE DIOS?

Para el siguiente versículo difícil, tenemos que ir casi al final de la carta a los Gálatas. Pablo se estaba despidiendo y recordando por última vez que lo que salva es la gracia, no la ley. Escribió: «Porque en Cristo Jesús ni la circuncisión vale nada, ni la incircuncisión, sino una nueva creación» (6:15). Hasta aquí, todo claro. No es la ley ni nada hecho en la carne lo que importa, sino una nueva persona creada en Cristo Jesús. Pero luego añade: «Y a todos los que anden conforme a esta regla, paz

94 EL DECRETO DE ISRAEL

y misericordia sea a ellos, y al Israel de Dios» (versículo 16). Mmm... ¿el Israel de Dios? ¿Qué es eso?

Hay dos problemas con esta última frase. Uno es que la redacción es inusual. De hecho, es el único lugar de la Biblia donde se la lee. Esto ha llevado a algunos a creer que se refiere a algo especial, algo único. Si Pablo se hubiera referido al antiguo Israel, habría escrito simplemente «Israel». Por lo tanto, es probable que estuviera tratando de comunicar algo nuevo aquí. Y si uno tiene una presuposición hacia los que apoyan la teoría del reemplazo, es posible que mire el contexto de toda la carta a los gálatas y diga: «Pablo obviamente está haciendo una distinción aquí entre el Israel del antiguo pacto y el Israel del nuevo pacto, conocido como la Iglesia, a la que aquí llama el Israel de Dios».

¿Aún no estás convencido? Hay una pequeña prueba más que puede tener un gran impacto en cómo entendemos este pasaje. La última frase completa dice: «y al Israel de Dios». La palabra «y», en el texto griego original, es *kai*. Normalmente, *kai* es una conjunción copulativa. Sin embargo, también puede traducirse como «también», «incluso» o «así». Por eso, en algunas traducciones, encontrarás que este versículo concluye así: «la paz y la misericordia sean con ellos, que son el Israel de Dios». Esta interpretación toma a todos los creyentes y los forma en un solo grupo, etiquetándolos como «el Israel de Dios».

¿Es realmente posible leer el texto griego de esta manera? ¡Desde luego que sí! No obstante, no es la lectura más común ni la que adoptan la mayoría de las traducciones modernas. Es cierto que el Nuevo Testamento incluye muchos pasajes donde una lectura secundaria de *kai* y otras palabras griegas es perfectamente válida. Sin embargo, cuando se adopta una lectura secundaria, siempre debe haber una razón justificable. En este caso, la razón más evidente para no seguir la lectura primaria de «y» parece ser un sesgo hacia la teología del reemplazo. Sin embargo, ¿es esta razón suficiente?

Típicamente, cuando Pablo escribe una carta, comienza con una sección de teología. Una vez que ha explicado la doctrina, pasa a abordar cómo se debe vivir en función de ella. Un ejemplo claro de este patrón es la carta a los Romanos. En los primeros 11 capítulos, Pablo presenta una teología profunda. Luego, al abrir el capítulo 12, utiliza la expresión «por lo tanto». En otras palabras, ya ha presentado el *qué*, y ahora pasa a los cuatro capítulos finales de ¿*y ahora qué?* o ¿*cómo pongo en práctica lo que acabo de leer?*, antes de concluir con las salutaciones finales.

Este mismo modelo lo encontramos en Gálatas. Pablo comienza con cuatro capítulos de teología. Luego, ¿qué encontramos al inicio del capítulo 5? «Por lo tanto». Con esta expresión, introduce su sección práctica, ¿*y ahora qué?*, exhortando a los creyentes a permanecer firmes en la libertad de Cristo. A partir de ahí, aborda temas como caminar en el Espíritu, el fruto del Espíritu y cómo amarnos unos a otros.

Por último, Pablo llega a la conclusión. Está cerrando su carta. Este no es el momento para la controversia ni para agitar las cosas. Les recuerda a los cristianos de Galacia su idea principal: no ceder ante los judaizantes ni legalistas. Les asegura que nunca se gloriará de nada, excepto de la gracia que ha recibido a través de la cruz de Cristo. Luego les desea paz y misericordia a todos los que ponen su esperanza en la gracia de Dios y no en la ley, tanto a los gentiles creyentes como a los judíos creyentes,

EL DECRETO DE ISRAEL

el Israel de Dios. Es, realmente, una lectura literal muy sencilla. A veces, la palabra «y» simplemente significa «y». Esta es una de esas veces.

¿SON LOS JUDÍOS REALMENTE LA SINAGOGA DE SATANÁS?

Los dos últimos pasajes que vamos a analizar son significativos. Son los versículos emblemáticos de los antisemitas. Parece que, cada vez que publico algo en Internet sobre apoyar a Israel u orar por la nación, hay quienes salen de cualquier escondrijo en el que se hayan metido para escribirme. No sé si han leído alguna vez el Apocalipsis o si conocen las Escrituras. Lo que sí sé es que tienen estos dos versículos memorizados a la perfección: Apocalipsis 2:9 y 3:9. Los sacan y los blanden como espadas, creyendo que con estas dos armas serán capaces de destruir cualquier argumento pro-Israel.

En el primer pasaje, Jesús se dirige a la iglesia de Esmirna. El mensaje que les entrega es de ánimo frente a la persecución y de esperanza para después de la prueba. Tras su introducción, el Señor le dictó a Juan: «Yo conozco tus obras, y tu tribulación, y tu pobreza (pero tú eres rico), y la blasfemia de los que se dicen ser judíos, y no lo son, sino sinagoga de Satanás» (Apocalipsis 2:9). Uf, ¡«sinagoga de Satanás»! ¡Qué palabras duras!

La segunda de las dos frases inquietantes se encuentra en las palabras de Jesús a la iglesia de Filadelfia. Esta congregación era ejemplar, y estaba a punto de escuchar un mensaje del Señor que llenaría de gozo sus corazones. Tras reconocer su firmeza, incluyó la siguiente afirmación: «He aquí, yo entrego de la sinagoga

No se puede «desisraelizar» a Israel　　　97

de Satanás a los que se dicen ser judíos y no lo son, sino que mienten; he aquí, yo haré que vengan y se postren a tus pies, y reconozcan que yo te he amado» (3:9). Ahí está otra vez: la «sinagoga de Satanás». ¿De quiénes está compuesta? De personas que dicen ser judías, pero que en realidad no lo son. Sin duda, Jesús se refiere al pueblo judío que aún reclama todas las promesas dadas a Abraham, sin darse cuenta de que el Padre los ha rechazado por su incredulidad. ¿Verdad?

Veamos dos interpretaciones comunes.

En primer lugar, hay quienes dicen que esta «sinagoga de Satanás» estaba formada por hombres y mujeres que se hacían pasar por judíos. Había algo en el judaísmo que los atraía, como un imán, así que adoptaron características judías: actuaban como judíos, tal vez se vestían como judíos y trataban de seguir la ley y las festividades. Sin embargo, su lealtad no estaba dirigida a Dios, sino que permanecía con el César. De modo que, cuando intentaron integrarse en la Iglesia, causaron estragos con sus formas semipaganas, algo judías, algo cristianas. Esa es una opción. No digo que sea la mejor, y su fundamento es casi totalmente especulativo, pero es una interpretación que algunos defienden.

La segunda interpretación sostiene que estos son creyentes gentiles que creen que ahora son Israel porque la Iglesia ha reemplazado a la nación. ¿Te suena familiar? Según esta interpretación, significaría que Jesús está mirando a estas personas y diciendo: «¿Qué están haciendo? El Padre creó ciertos roles para ciertas personas, para que Él pudiera mostrar quién es, y ustedes lo están confundiendo todo. ¡Quédense en el carril de los gentiles!». El resultado de desdibujar estos límites podría causar

98 EL DECRETO DE ISRAEL

estragos tan grandes en el gran plan de Dios que Jesús califica sus orígenes de satánicos.

Antes de continuar, permítanme aclarar algo. No estoy diciendo que aquellos que enseñan o creen en la teología del reemplazo estén sirviendo intencionalmente como siervos del enemigo. Creo que es totalmente posible que las personas pasen sus vidas estudiando la Palabra de Dios, pero, debido a que están influenciadas por presuposiciones y tradiciones, puedan llegar a conclusiones erróneas. Es triste, y los estragos que se han causado en la cristiandad como resultado de enseñanzas incorrectas o falsas son enormemente lamentables.

Sin embargo, también creo que hay quienes desean que la Iglesia sustituya a Israel simplemente porque son antisemitas. Ya sea por una mala educación, mala teología, mala historia, mal carácter o todo lo anterior, desprecian a los judíos y todo lo relacionado con el judaísmo. Cuando escribo en las redes sociales que los antisemitas, tanto de la teología del reemplazo como de cualquier otra posición doctrinal, no son cristianos verdaderos, me refiero a ellos. ¿Cómo sé que un antisemita no puede ser un verdadero creyente? Porque un verdadero creyente ama lo que Dios ama y odia lo que Dios odia. Y, como ya hemos visto a lo largo de este libro, el lenguaje de Dios hacia Israel puede ser fuerte y puede imponer una dura disciplina a la nación, pero Él nunca ha dejado ni dejará de amar al pueblo judío.

Sin leer estos versículos a través de la lente de la presuposición, no hay manera de verlos como si Jesús estuviera haciendo una declaración general rechazando a todos los judíos y asignándoles el apelativo de «sinagoga de Satanás». No encaja en el contexto inmediato, ni en el contexto del Apocalipsis y, desde luego, tampoco encaja en el contexto general de las Escrituras.

Dios le hizo una promesa a Abraham. Fue una promesa sin excepción, salvedad o asterisco: «Te daré tierra. Te daré una descendencia. Serás de bendición». La única aclaración que hizo el Señor fue recalcar que la promesa no era temporal, sino que duraría para siempre (Génesis 13:14-15). Por su naturaleza eterna, podemos estar seguros de que el pueblo que una vez fue elegido por el Señor sigue siendo Su pueblo escogido.

Lamentablemente, permanece en un estado de rebelión, y eso es algo que Dios no puede tolerar, en especial si quiere completar el despliegue de Su carácter. Como Dios de misericordia, necesita la oportunidad de mostrar esa misericordia a Israel, trayendo al pueblo de una vez por todas a Su redil, como polluelos bajo Sus alas. ¿Cómo podría lograrlo? No te preocupes, Él tiene un plan, como estamos a punto de ver.

Y para aquellos de nosotros en la Iglesia, ¿cómo debemos tratar con Israel mientras el pueblo esté en este período de incredulidad? La respuesta a esa pregunta es muy simple, y se encuentra, como es lógico, en el Decreto de Israel.

CAPÍTULO 5

DOS PUEBLOS, DOS PLANES, UN DESTINO

Una gran ciudad se extiende delante de ti. Sus puertas se abren de par en par y, a través de la apertura, solo se vislumbra un atisbo de su increíble arquitectura y su exuberante vegetación. Risas y cantos llegan a tus oídos, provocando una sonrisa irresistible. Aunque nunca has estado aquí, sabes que es tu hogar. Simplemente se siente bien. Y está bien.

Sin embargo, hay un problema. Hay una amplia trinchera entre la ciudad y tú. Es difícil ver qué hay exactamente en la zanja porque los árboles son altos y el suelo está cubierto de maleza. Has oído hablar de esta trinchera e incluso has leído historias sobre ella. Es oscura y puede resultar ardua. No obstante, sabes que, con trabajo duro y mucho esfuerzo, seguro que llegarás al otro lado. Preparado para afrontar lo peor, das un paso hacia el camino que conduce hacia abajo.

Antes de dar un segundo paso, una mano te agarra. Te giras y ves a un hombre de pie detrás de ti. Tiene una gran sonrisa en el rostro mientras señala a la derecha.

«Oye, amigo, ¿no has visto ese puente sobre la trinchera? No hace falta que bajes por ahí. Tenemos un camino liso y ancho justo encima. Dios es bueno, ¿verdad?».

Con cuidado, retiras la mano del hombre de tu brazo. Por supuesto que habías visto el puente. Limpio y cubierto de masas de gente moviéndose por él, habría que estar ciego para no verlo. Sin embargo, esa gente cruzaba por el camino más fácil. El acceso a la ciudad no les costaba nada. En tu opinión, era una flagrante falta de respeto al alcalde entrar sin más.

Y eso es lo que le dijiste al hombre que estaba detrás de ti.

Observaste cómo fruncía el ceño, sabiendo lo que vendría a continuación. Ya habías debatido antes con gente como él, hombres y mujeres que esperaban las recompensas sin todo el trabajo. Pues sí, dijo: «Pero el alcalde fue quien construyó el puente. Lo hizo para que no tuviéramos que pasar por la trinchera. ¿Por qué no lo usarías?».

«Tú hazlo a tu manera y yo lo haré a la mía, mi amigo. Cuando entremos, veremos quién se queda con la casa más grande». Mientras te das la vuelta y das los primeros pasos por el sendero pedregoso, sacudes la cabeza. *Ya aprenderá*, piensas. *Nada bueno sale gratis*.

Para aquellos de ustedes cuyos cerebros están trabajando frenéticamente en este momento tratando de entender por qué acabo de presentar un caso a favor de que algunas personas se ganen su salvación, pueden relajarse. Esta no es una parábola sobre cómo ganarse el cielo trabajando. Es, en cambio, una historia de cristianos judaizantes modernos que creen que hay que convertirse en un creyente gentil tan judío como sea posible; porque a menos que sigas las fiestas y la ley *kosher*, entonces

Dos pueblos, dos planes, un destino 103

Dios nunca estará tan contento contigo como podría estarlo si te hubieras esforzado un poco más.

Por cierto, esto también describe a muchos de los que sostienen los puntos de vista de mediados de la tribulación y postribulación del rapto. Si los cristianos de épocas pasadas enfrentaron persecución, ¿por qué nosotros no? Si hubo alguna época de la Iglesia que necesitara un buen sacudón para enderezarse, es la lamentable versión del cristianismo que vemos hoy. Afortunadamente, nuestro Dios no es un abusador ni necesita que su novia tenga un ojo morado antes de que esté lista para las bodas del Cordero. Además, hay muchas partes del mundo donde la Iglesia ya está experimentando una terrible persecución. Aun así, en ninguna parte de las Escrituras se afirma que la Iglesia necesita una buena dosis de sufrimiento universal antes de estar lista para casarse con el Hijo. En lugar de desear el dolor sobre nosotros mismos, deberíamos estar orando para que el Señor sostenga a nuestros hermanos y hermanas que están luchando en medio de sus dificultades. Pero todo eso es para otro libro.

¿Por qué tantos cristianos quieren ser judíos? ¿Por qué hay tanta envidia de esta raza de gente que ha sufrido tantas persecuciones y pogromos y expulsiones y holocaustos? Como judío, puedo decirte que no todo es color de rosa. Ser uno de los pueblos elegidos de Dios tiene un precio. Además, que los gentiles quieran ser judíos es exactamente lo contrario de lo que Dios quería. Los judíos no deberían provocar a los gentiles a celos, sino que los gentiles deberían provocar a los judíos (Romanos 11:11). La salvación vino primero a los judíos, pero ellos la rechazaron. Ahora, el evangelio de salvación ha llegado al

104 **EL DECRETO DE ISRAEL**

mundo gentil. Llegará el momento en que regresará de nuevo a los judíos, y ese será un día maravilloso de avivamiento.

UNA PROMESA IRREVOCABLE

Aun así, lo entiendo. Ser de Israel tiene algo de especial. La gente lo sabe. El mundo lo siente. ¿Por qué, entonces, no hubo nunca un pueblo tan perseguido a lo largo de la historia? Hay una singularidad en Israel que todos pueden reconocer, pero no son capaces de determinar su origen. Puede que lo atribuyan a la repentina creación del Estado de Israel, y es comprensible. La creación de Israel se distingue de la de otras naciones. Dios dijo:

> ¿Quién ha oído cosa semejante?
> ¿Quién ha visto jamás cosa igual?
> ¿Puede una nación nacer en un solo día?
> ¿Se da a luz un pueblo en un momento?
> Sin embargo, Sion dio a luz sus hijos
> cuando apenas comenzaban sus dolores.
>
> (Isaías 66:8 NVI)

Dios preguntó: «¿Puede una nación nacer en un solo día?». Y respondió que sí al fundar Israel el 14 de mayo de 1948. Su afirmación se enfatizó con un acto milagroso al derrotar a todas las naciones que intentaron invadir y destruir el país antes de que tuviera la oportunidad de consolidarse.

Algunos podrían creer que la singularidad del pueblo judío radica en que Israel no siempre se lleva bien con los demás. Parecen sentirse especiales. Es algo comparable a la aparente

Dos pueblos, dos planes, un destino 105

arrogancia infundada de Nepal o Bután, pero sin sus monjes, o de Corea del Norte, pero sin las ejecuciones en piscinas de pirañas. En ocasiones, parece que Israel se percibe a sí mismo como superior o por encima de los demás.

Tal vez, el pueblo de Israel sea en verdad superior. No me refiero a términos de calidad, físico u otras características naturalmente cuantificables. Son superiores o, más precisamente, apartados, porque Dios los eligió como Su nación «santa», es decir, «apartada» (Éxodo 19:6). Son especiales por la simple razón de que Dios los ha declarado especiales. Representan el cumplimiento tangible de la extraordinaria promesa que hizo hace miles de años a un anciano cuya esposa ya había pasado la edad de concebir.

Es por esta razón que Pablo se muestra tan enfático en su mensaje a los Romanos: «Digo, pues: ¿ha desechado Dios a su pueblo? De ninguna manera. Porque también yo soy israelita, de la descendencia de Abraham, de la tribu de Benjamín. No ha desechado Dios a su pueblo, al cual desde antes conoció» (11:1-2). Dios no solo *no ha* desechado a Su pueblo, sino que *no puede* desecharlo. Hacerlo iría en contra de Su carácter, de Su amor paciente y misericordioso, de Su amor *chesed*. Y, como mencioné antes, esta verdad es una afirmación gloriosa para la Iglesia. Podemos estar seguros de que, como Sus hijos espirituales, Él tampoco nos desechará jamás. Cuando Dios hace una promesa, la cumple por toda la eternidad. ¡Amén!

¿Significa esto que Israel tiene un trato espiritual especial con Dios que le concede un camino único hacia la salvación? ¿Es la justificación por gracia a través de la fe un acuerdo del nuevo pacto exclusivamente para los gentiles? Por supuesto que no.

EL DECRETO DE ISRAEL

Regresemos de nuevo a las palabras de Pablo en Romanos 11: «¿Qué concluiremos? Pues que Israel no consiguió lo que tanto deseaba, pero sí lo consiguieron los elegidos. Los demás fueron endurecidos» (versículo 7 NVI). Israel, como nación, perdió la relación cercana que deseaba con Dios al rechazar a Yeshúa cuando Él estuvo entre ellos. ¿Quiénes lo recibieron entonces? Los escogidos, que, como recordamos de un capítulo anterior, incluyen tanto a gentiles como a judíos. Como judío seguidor de Yeshúa, levanto mi mano para dar testimonio de esta verdad.

¿Significa esto que todos, excepto un pequeño grupo de judíos creyentes, enfrentarán una eternidad separados de Dios? Una vez más, las Escrituras exigen que respondamos negativamente. Pablo escribió: «Ahora pregunto: ¿Acaso tropezaron para no volver a levantarse? ¡De ninguna manera! Más bien, gracias a su desobediencia ha venido la salvación a los no judíos, para que Israel sienta celos» (versículo 11 NVI). Israel tropezó con un propósito y solo por un tiempo limitado. El pueblo eligió rechazar a Yeshúa, y, como resultado, el Señor entregó el evangelio de salvación a los gentiles. Sin embargo, esto tenía un propósito claro: la salvación llegó a los gentiles para despertar los celos de Israel. Esta razón implica necesariamente una línea de tiempo, ya que provocar celos sin un fin previsto sería cruel e inútil.

El endurecimiento de Israel no es permanente y aún no ha concluido. Llegará el momento en que ese muro caerá y el pueblo judío estará finalmente listo para recibir a Jesús como su Señor y Salvador. «Hermanos, quiero que entiendan este misterio para que no se vuelvan presuntuosos. Parte de Israel se ha endurecido y así permanecerá hasta que haya entrado la totalidad de los no judíos. De esta manera, todo Israel será salvo tal como

Dos pueblos, dos planes, un destino 107

está escrito» (versículos 25-26 NVI). Sé que ya has leído el versículo 26 varias veces en este libro, pero no puedo evitar volver a él. Esta promesa llena de alegría mi corazón. ¡Qué testimonio tan asombroso de nuestro Dios y qué compromiso tan increíble con Sus hijos descarriados!

¡Dios no ha reemplazado a Sus hijos! Como mencioné anteriormente, Él no puede desechar a Su nación elegida para sustituirla por otra. Eso iría en contra de Su naturaleza.

> Con respecto al evangelio, los israelitas son enemigos de Dios para bien de ustedes; pero si tomamos en cuenta la elección, son amados de Dios por causa de los patriarcas, porque los regalos de Dios son irrevocables, como lo es también su llamamiento. De hecho, en otro tiempo ustedes fueron desobedientes a Dios; pero ahora, por la desobediencia de los israelitas, han sido objeto de su misericordia. Así mismo, estos que han desobedecido recibirán misericordia ahora, como resultado de la misericordia de Dios hacia ustedes. (Versículos 28-31 NVI)

Vuelve a leer ese pasaje y luego deja el libro para que puedas saltar, animarte o incluso bailar una giga. ¡Los dones y el llamado de Dios son irrevocables, inmutables e inalterables! Tanto judíos como gentiles, en algún momento estuvimos perdidos en el pecado, pero Dios nos acogió en Su familia cuando recibimos a Yeshúa como nuestro Señor y Salvador. Él nos llamó, nos salvó y nos dio dones espirituales para que pudiéramos servirle. Eso

EL DECRETO DE ISRAEL

nunca cambiará. Y, como muestra de nuestra permanencia en Su familia, nos selló con Su Espíritu Santo.

> En él también vosotros, habiendo oído la palabra de verdad, el evangelio de vuestra salvación, y habiendo creído en él, fuisteis sellados con el Espíritu Santo de la promesa, que es las arras de nuestra herencia hasta la redención de la posesión adquirida, para alabanza de su gloria. (Efesios 1:13-14)

El Espíritu Santo es nuestra garantía de salvación, una promesa irrevocable de que pasaremos la eternidad con el Señor. Esta promesa está disponible para todos los que reciben a Jesús como Salvador, tanto judíos como gentiles. Por alguna razón, muchas personas colocan a Israel en una categoría de salvación diferente al resto del mundo. Sin embargo, el pueblo judío se encuentra en el mismo estado perdido en el que todos los demás hemos habitado o aún habitamos. Pero, alabado sea el Señor, Él tiene un plan para rescatarlos de su hedonismo y letargo espiritual. Cuando finalmente capte su atención, estarán listos para recibirlo tal como nosotros lo hicimos. Ellos experimentarán la misma misericordia que nosotros hemos experimentado. Serán nuestros hermanos y hermanas en Cristo. ¡Qué día tan glorioso será!

VIENEN TIEMPOS DIFÍCILES PARA ISRAEL

El camino hacia ese glorioso día de avivamiento espiritual para Israel será arduo y lleno de obstáculos. Al final de la revuelta

Dos pueblos, dos planes, un destino 109

judía del siglo II contra Roma, liderada por Shimon Bar-Kokhba, el emperador Adriano se cansó de las constantes rebeliones del pueblo de Jerusalén y de Israel en general. Como represalia, Jerusalén fue destruida y la tierra completamente arrasada. Los judíos fueron expulsados de los límites de la ciudad, y el área donde antes se encontraba pasó a llamarse Aelia Capitolina. La persecución fue tan intensa que la mayoría de los judíos huyeron del país, dejando solo a un pequeño remanente. Así permaneció la región durante siglos: a veces la población judía crecía, y otras disminuía. Jerusalén dejó de ser el centro del judaísmo y el corazón del pueblo de Israel.

Sin embargo, como mencioné antes, Dios tenía un plan para Su nación santa y para Su ciudad. Comenzó a preparar la tierra para el regreso de Su pueblo, tal como lo había prometido. Él dijo: «Mas vosotros, oh montes de Israel, daréis vuestras ramas, y llevaréis vuestro fruto para mi pueblo Israel; porque cerca están para venir. Porque he aquí, yo estoy por vosotros, y a vosotros me volveré, y seréis labrados y sembrados. Y haré multiplicar sobre vosotros hombres, a toda la casa de Israel, toda ella; y las ciudades serán habitadas, y edificadas las ruinas» (Ezequiel 36:8-10).

Cuando la tierra estuvo lista para el arduo trabajo que implicaría el regreso de los exiliados, Dios comenzó a llamar a Su pueblo de vuelta a casa. Una vez más, se trataba del mismo pueblo descendiente físico de Abraham, y su regreso se cumplió de acuerdo con Su promesa:

> Cuando dé a conocer mi santidad entre ustedes, las naciones sabrán que yo soy el Señor, afirma el Señor y Dios. Los sacaré de entre las naciones, los

reuniré de entre todos los pueblos y los haré regresar a su propia tierra. Los rociaré con agua pura, y quedarán purificados. Los limpiaré de todas sus impurezas e idolatrías. Les daré un nuevo corazón y derramaré un espíritu nuevo entre ustedes; quitaré ese corazón de piedra que ahora tienen y les pondré un corazón de carne. Infundiré mi Espíritu en ustedes y haré que sigan mis estatutos y obedezcan mis leyes. Vivirán en la tierra que di a sus antepasados; ustedes serán mi pueblo y yo seré su Dios. (Ezequiel 36:23-28 NVI)

¿Por qué hace esto Dios? ¿Es porque Israel es tan maravilloso? No, lo hace para vindicar Su santidad, para mostrar al mundo quién es Él. Esto es tan cierto hoy como lo fue cuando el pueblo comenzó a regresar en masa a principios del siglo XX. El Israel moderno sigue cumpliendo su papel como reflejo del carácter del Señor. ¿Cómo sé que Ezequiel hablaba de nuestra época y no del retorno tras el exilio? Es muy simple: ¿cuándo fue reemplazado el corazón de piedra de Israel por un corazón de carne? ¿Cuándo ha permeado el Espíritu de Dios a su pueblo? Esto no ocurrió después del exilio. Y hasta ahora, no ha sucedido hoy. Sin embargo, se acerca el tiempo en que veremos a los corazones del pueblo de Israel ardiendo de pasión por el Dios verdadero.

Si seguimos leyendo Ezequiel, encontramos una promesa que habría dejado asombradas a las personas de la época del profeta. Cuando vio los huesos secos mencionados en el capítulo 37, Israel y Judá llevaban siglos divididos en dos naciones.

Dos pueblos, dos planes, un destino   111

Sin embargo, Dios hizo una promesa: cuando los huesos secos cobraran vida y el pueblo regresara para llenar la tierra, lo harían como una sola nación, un solo Israel.

En 1949, Alemania se dividió en dos naciones separadas. No solo las separaba una frontera de alambre de púas, sino también la ideología. Durante décadas, parecía imposible imaginar que esas dos mitades pudieran reunificarse. Sin embargo, el 9 de noviembre de 1989, cayó el Muro de Berlín, y menos de un año después, el 3 de octubre de 1990, Alemania Oriental y Occidental se unieron para formar una sola nación. Si viviste en esa época, seguramente recuerdas el asombro y la sorpresa que provocó este acontecimiento, no solo en Alemania, sino en todo el mundo. ¿Cómo podían dos grupos tan diferentes reconciliarse y volver a ser uno? En Ezequiel 37, Dios promete exactamente lo mismo para las dos mitades de Su pueblo, que habían estado separadas no durante décadas, sino durante siglos.

> La palabra del Señor vino a mí y me dijo: «Hijo de hombre, toma una vara y escribe sobre ella: "Para Judá y sus aliados los israelitas". Luego toma otra vara y escribe: "Para José, vara de Efraín y todos sus aliados los israelitas". Júntalas, la una con la otra, de modo que formen una sola vara en tu mano [...]. Entonces adviérteles que así dice el Señor y Dios: "Tomaré a los israelitas de entre las naciones por donde han andado; los reuniré de todas partes y los haré regresar a su propia tierra. Y en esta tierra, en los montes de Israel, haré de ellos una sola nación. Todos estarán bajo un solo rey; nunca más serán dos

naciones ni estarán divididos en dos reinos"». (Versículos 15-17,21-22 NVI)

¡Qué maravillosa profecía! ¡Qué promesa tan asombrosa! Cuando miras la tierra de Israel hoy, no ves divisiones tribales. Ya no hay un reino del norte y un reino del sur separados. Nos encontramos reunidos como israelíes, como una única vara en la mano del profeta. ¡Es increíble lo que Dios puede hacer!

Si tan solo la historia hubiera terminado ahí; pero no podía ser así. Dios prometió dar nuevos corazones al pueblo de Israel. Sin embargo, Él no impone Su justicia a nadie. Cuando los judíos regresaron a Israel, lo hicieron físicamente, pero su espíritu seguía distante de Dios. El Espíritu Santo pudo haber despertado ese impulso en la mente judía para iniciar este regreso físico a su hogar, pero era responsabilidad de ellos ofrecer sus corazones.

Así llegamos a Ezequiel 38. Israel, por fin, está en paz. La guerra del 7 de octubre ha terminado. Las personas pueden salir a las calles sin preocuparse por drones explosivos o restos de misiles cayendo del cielo. La población del Estado de Israel, por fin, experimenta un nivel de satisfacción y prosperidad que ha deseado desde que declararon su independencia en 1948. Desafortunadamente, como todas las cosas buenas en este mundo natural, esta paz no durará.

En el lejano norte, Rusia observará a Israel con codicia. Quizás lo que atraiga a Moscú sea la tecnología puntera del Estado judío o los avances agrícolas casi milagrosos de Israel. No obstante, dado que Rusia depende en gran medida de los recursos energéticos, lo más probable es que el interés provenga de los vastos yacimientos de gas natural que Israel posee frente a la

Dos pueblos, dos planes, un destino 113

costa del Mediterráneo. Es entonces cuando la Plaza Roja llamará al palacio presidencial de Ankara, Turquía, y a la residencia del líder supremo en Teherán, Irán, para preguntar: «¿Les interesa unir fuerzas contra Israel?». Esto es lo que encontramos descrito en Ezequiel 38:

> Así ha dicho Jehová el Señor: He aquí, yo estoy contra ti, oh Gog, príncipe soberano de Mesec y Tubal. Y te quebrantaré, y pondré garfios en tus quijadas, y te sacaré a ti y a todo tu ejército, caballos y jinetes, de todo en todo equipados, gran multitud con paveses y escudos, teniendo todos ellos espadas; Persia, Cus y Fut con ellos; todos ellos con escudo y yelmo; Gomer, y todas sus tropas; la casa de Togarma, de los confines del norte, y todas sus tropas; muchos pueblos contigo. [...] En aquel tiempo, cuando mi pueblo Israel habite con seguridad, ¿no lo sabrás tú? Vendrás de tu lugar, de las regiones del norte, tú y muchos pueblos contigo, todos ellos a caballo, gran multitud y poderoso ejército, y subirás contra mi pueblo Israel como nublado para cubrir la tierra; será al cabo de los días; y te traeré sobre mi tierra, para que las naciones me conozcan, cuando sea santificado en ti, oh Gog, delante de sus ojos. (Versículos 3-6,14-16)

A través de la avaricia que ya mora en los corazones de los líderes rusos, Dios permitirá que el ejército de Rusia se alíe con Persia (Irán), Etiopía (Sudán), Libia y Gomer y Togarmah

114   EL DECRETO DE ISRAEL

(Turquía) para enfrentarse a Israel. Este será un ejército vasto y poderoso, imposible de detener, sin importar cuán bien protegidas estén las defensas de Israel, como la Cúpula de Hierro, la Honda de David y el sistema Arrow. En teoría, Israel parece estar condenado a la derrota; pero, como dicen en el fútbol americano, para eso se juega.

> Y en todos mis montes llamaré contra él la espada, dice Jehová el Señor; la espada de cada cual será contra su hermano. Y yo litigaré contra él con pestilencia y con sangre; y haré llover sobre él, sobre sus tropas y sobre los muchos pueblos que están con él, impetuosa lluvia, y piedras de granizo, fuego y azufre. Y seré engrandecido y santificado, y seré conocido ante los ojos de muchas naciones; y sabrán que yo soy Jehová. (Versículos 21-23)

Mann tracht, un Gott lacht es un antiguo proverbio idish que significa: «El hombre planea y Dios se ríe». El ejército imparable será detenido de manera abrupta. Sin embargo, no será gracias a aviones de combate, bombas o tropas en el terreno. Dios demostrará de forma contundente que esta batalla es Suya, y la victoria provendrá exclusivamente de Sus manos. No hace falta profundizar demasiado en la teología para descubrir Su razón para dejar que Rusia y sus aliados ataquen para que más tarde sean diezmados. Dios lo revela claramente en Ezequiel a través de una frase recurrente: «Y sabrán que yo soy Jehová».

Recuerda la razón principal de la creación. Dios está mostrando quién es Él, y parte de mostrar *quién* es incluye demostrar

Dos pueblos, dos planes, un destino 115

que Él existe. Parafraseando el Salmo 20:7, Rusia y compañía confiarán en carros y caballos, pero el Señor mostrará que es Su nombre en quien todos deben confiar.

Hay quienes creen que la guerra de la que habló Ezequiel ya tuvo lugar cuando Dios trajo el merecido juicio sobre Babilonia. «No hay necesidad de ninguna guerra futura que conduzca a una tribulación de siete años». Sin embargo, el Señor mismo negó esa posibilidad cuando le dijo a Gog: «¿No eres tú aquel de quien hablé yo en tiempos pasados por mis siervos los profetas de Israel, los cuales profetizaron en aquellos tiempos que yo te había de traer sobre ellos?» (Ezequiel 38:17). En primer lugar, Ezequiel fue profeta durante el exilio babilónico, y los otros que profetizaron acerca de la destrucción de Babilonia no se remontan a una época tan antigua como para ser considerados de «tiempos pasados». En segundo lugar, en el contexto de Ezequiel 38, no hay una destrucción de Israel seguida, décadas después, por una represalia contra los atacantes, como ocurrió en el caso de Babilonia. En su lugar, se describe una invasión que es frustrada. La única manera en que ejércitos tan grandes podrían ser rechazados de forma tan rápida y completa es alegorizar todo el incidente o buscar un cumplimiento futuro.

El único momento adecuado para interpretar un pasaje alegóricamente es cuando la Escritura deja claro que se trata de una alegoría, y este no es ese tipo de pasaje. De hecho, es todo lo contrario. ¿Acaso el mundo necesita una prueba más clara de la existencia de Dios que ver cómo Él diezma de manera sobrenatural a un ejército invasor en Su tierra? ¿Podría el pueblo de Israel necesitar pruebas adicionales de que Dios es real y desea una relación con ellos?

116 EL DECRETO DE ISRAEL

Tristemente, la respuesta tanto para el mundo como para Israel es sí. Dado que la guerra de Ezequiel tiene lugar al inicio de la tribulación, aún faltan siete años para que «todo Israel [sea] salvo» (Romanos 11:26). Tras el ataque y la derrota de un poderoso ejército del norte, del este y del sur, surgirá un hombre que prometerá paz. Al principio, muchos se mostrarán escépticos, sobre todo los israelitas. Dios acaba de hacer lo imposible. ¿Quién necesita que un europeo advenedizo de repente empiece a decirles a todos lo que tienen que hacer? Pero entonces este líder político se pondrá a la altura de Dios llevando a cabo su propia obra imposible. Negociará un acuerdo que permitirá a los judíos reconstruir el templo. ¿Quién podría lograr una hazaña de tal magnitud política, social y religiosa si el Señor no estuviera de su lado? Los judíos, al igual que millones de personas en todo el mundo, se unirán a este genio social como la pelusa al velcro.

Será difícil culpar a la población por su adoración. Cualquiera que logre traer estabilidad en un tiempo así sería alabado como un héroe. Lo que la gente no comprenderá es que este hombre, el anticristo, no actuará solo. Cuando llegue su momento, también comenzará el período de la tribulación. Durante siete años, el mundo se estremecerá como nunca antes lo ha hecho.

Cuando empiece la tribulación, el mundo cambiará rápidamente y se convertirá en un lugar muy diferente al que conocemos hoy. La derrota del eje ruso será el primer evento sobrenatural de muchos más que vendrán. Los juicios de los sellos descritos en Apocalipsis 6 sacudirán al mundo: habrá guerras generalizadas, violencia, escasez de alimentos, plagas y

Dos pueblos, dos planes, un destino 117

meteoritos que causarán una cantidad masiva de muertes. En medio de todo esto, el anticristo se mantendrá firme y ofrecerá esperanza a las masas. No es de extrañar que todas las miradas se dirijan hacia él. No obstante, este gran héroe, que al mundo le parecerá un salvador de los últimos tiempos, será, en realidad, de naturaleza demoníaca. Al principio, esperará el momento, pero luego mostrará su verdadero rostro.

A la mitad de los siete años de tribulación, la máscara de amor por la paz del anticristo caerá:

> Y por otra semana confirmará el pacto con muchos; a la mitad de la semana hará cesar el sacrificio y la ofrenda. Después con la muchedumbre de las abominaciones vendrá el desolador, hasta que venga la consumación, y lo que está determinado se derrame sobre el desolador. (Daniel 9:27)

El anticristo pondrá fin al sacrificio judío en el templo reconstruido y, en su lugar, exigirá que se le rinda culto a él mismo, erigiendo una «abominación desoladora» (12:11) en la estructura sagrada. Jesús habló a Sus discípulos sobre este tiempo mientras estaban sentados en el monte de los Olivos. Les dijo:

> Por tanto, cuando veáis en el lugar santo la abominación desoladora de que habló el profeta Daniel (el que lee, entienda), entonces los que estén en Judea, huyan a los montes [...] porque habrá entonces gran tribulación, cual no la ha habido desde el principio del mundo hasta ahora, ni la habrá. Y si

118   EL DECRETO DE ISRAEL

aquellos días no fuesen acortados, nadie sería salvo;
mas por causa de los escogidos, aquellos días serán
acortados. (Mateo 24:15-16,21-22)

Aquellos en Israel que sean sabios prestarán atención a esas
palabras dadas hace 2,000 años. ¿Y los que no las escuchen? Zacarías escribió sobre ellos:

> Y acontecerá en toda la tierra, dice Jehová, que las
> dos terceras partes serán cortadas en ella, y se per-
> derán; mas la tercera quedará en ella. Y meteré en el
> fuego a la tercera parte, y los fundiré como se funde
> la plata, y los probaré como se prueba el oro. Él in-
> vocará mi nombre, y yo le oiré, y diré: Pueblo mío;
> y él dirá: Jehová es mi Dios. (Zacarías 13:8-9)

Es desgarrador pensar que dos de cada tres personas que veo
a mi alrededor en mi día a día en Israel no sobrevivirán a la tribulación. Habrá una matanza inimaginable, incluso más terrible que lo ocurrido durante el Holocausto o en los eventos
del 7 de octubre. Por eso, por mi propia cordura, necesito con-
centrarme en la segunda parte de esa promesa: un tercio de mi
pueblo sobrevivirá a los siete años del tiempo de angustia para
Jacob. Pasarán por grandes pruebas, serán golpeados, refinados
y moldeados como metales preciosos. Ellos serán los que verán
a Yeshúa cuando Él regrese. Son los penitentes a los que el Señor
se refirió a través de Zacarías, justo un capítulo antes, cuando
dijo: «… y mirarán a mí, a quien traspasaron, y llorarán como se
llora por hijo unigénito, afligiéndose por él como quien se aflige

Dos pueblos, dos planes, un destino 119

por el primogénito» (Zacarías 12:10). Este maravilloso grupo de judíos renovados es del que Pablo hablaba cuando escribió —y apuesto a que ya puedes decirlo conmigo—: «Y luego todo Israel será salvo» (Romanos 11:26).

«Pero, Amir, ¿estás diciendo que las personas deben ser golpeadas y maltratadas antes de unirse al Señor? ¿Por qué no es así para con la Iglesia?». Sí, eso es exactamente lo que estoy diciendo, pero hay una diferencia importante entre Israel y la Iglesia. Israel está en rebelión, y la tribulación es el medio que Dios utilizará para llevar a Su pueblo al arrepentimiento. Es lo necesario para ablandar sus corazones y prepararlos para recibir a Yeshúa como su Mesías. En cambio, la salvación ya ha llegado a la Iglesia. Nos hemos arrepentido y estamos reconciliados con Dios. ¿Qué propósito tendría que la Iglesia pase por la tribulación? Sería como un purgatorio terrenal para pagar pecados que ya fueron redimidos por Jesús en la cruz.

Se avecinan días difíciles para el pueblo de Israel. Sin embargo, nosotros los judíos podemos consolarnos con la certeza de que hace miles de años, Dios nos hizo una promesa. Nos dio una tierra, una herencia y una bendición. El Señor es fiel y cumplirá ese decreto. Mi oración es que muchos de mis compatriotas israelíes lleguen a la fe ahora que aún hay tiempo, antes de que tengan que pasar por el juicio de Dios.

UNA LISTA DE TAREAS PARA LA IGLESIA

Aunque me encantaría que miles, o al menos cientos, de personas en Israel leyeran este libro, creo que eso es poco probable. Es más probable que quienes lean estas palabras sean

EL DECRETO DE ISRAEL

principalmente miembros de la Iglesia. Por eso, no quiero dejar a la Iglesia sin un plan de acción. Como Pablo, he terminado de explicar el *qué*; ahora es momento de abordar el *¿y ahora qué?* Hay tres puntos clave en la lista de tareas de la Iglesia en lo que respecta al pueblo judío.

La Iglesia debe celebrar a Israel. Ese estado milagroso, nacido en un solo día, es un testimonio vivo de la fidelidad de las promesas de Dios y de la naturaleza paciente de Su amor *chesed*. Este pueblo fue elegido y creado de forma milagrosa por Dios. A lo largo de los años, hubo grandes periodos en los que Israel amó a su Padre y le sirvió con devoción. Sin embargo, también hubo muchas veces, incluyendo en gran medida el presente, en las que no lo hicieron.

A pesar de los altibajos, el amor de Dios nunca ha flaqueado. Durante los tiempos de bendición por su fidelidad o de maldición por su rebelión, Dios no ha cambiado. Una vez más, el amor de Dios por Israel es una evidencia tangible de la esperanza plena e inquebrantable que nosotros, como Iglesia, podemos depositar en nuestra salvación a través del Mesías. Si Dios hubiera abandonado a Israel, tendríamos que preguntarnos hasta dónde llegaría nuestra propia seguridad de salvación. Sin embargo, como Él se mantuvo fiel a Israel a pesar de sus pecados, podemos estar seguros de que siempre será fiel a nosotros como Sus hijos.

Por eso, regocíjense en Israel. Desplieguen sus banderas israelíes. Reúnanse con su grupo de estudio bíblico para danzar y cantar «Hava Nagila». Lleven un par de docenas de *rugelach* de chocolate y un poco de *halva* a la próxima comida de su iglesia. El amor de Dios nunca falla y Sus promesas son irrevocables.

Dos pueblos, dos planes, un destino 121

Otro punto en la lista de tareas de la Iglesia es ayudar económicamente a Israel. Al comienzo de su carta a los romanos, Pablo elogió a las iglesias de Macedonia y Acaya, principalmente gentiles, por recoger un donativo para los creyentes judíos pobres de Jerusalén. Afirmó que era lo correcto, «porque si los gentiles han sido hechos participantes de sus bienes espirituales, deben también ellos ministrarles de los materiales» (Romanos 15:27). Como benefactora de las bendiciones espirituales del Decreto de Israel, la Iglesia tiene la responsabilidad de ministrar a las necesidades físicas de quienes sufren en Israel.

En el momento en que escribo esto, todavía hay decenas de miles de israelíes que están fuera de sus hogares debido a la guerra, tanto en el sur, cerca de Gaza, como en el norte, junto a Líbano y Siria. El Gobierno se está ocupando de ellos lo mejor que puede, pero muchos siguen requiriendo ayuda para cubrir sus necesidades básicas.

Desde el 7 de octubre de 2023, la industria turística en Israel también ha recibido un golpe devastador. No son muchos los extranjeros dispuestos a hacer turismo en una zona en guerra. Empresas turísticas, hoteles, tiendas de regalos, restaurantes, compañías de autobuses… todos están atravesando graves dificultades y muchos han tenido que cerrar. Incluso una pequeña inyección económica bastaría para mantener algunas de estas empresas a flote.

Lo mismo ocurre con las organizaciones benéficas dentro de Israel. Muchos israelíes luchan por salir adelante, y como resultado, sus donaciones a obras benéficas han disminuido. Esto ha provocado tiempos difíciles para las organizaciones que se ocupan de los huérfanos, las víctimas de diversas tragedias y las personas sin hogar. Los estragos de la guerra no solo se sienten en el frente; se extienden por toda la sociedad.

El Decreto de Israel dado a Abraham decía que Dios bendeciría a quienes bendijeran a él y a su descendencia. Esto demuestra Su amor por la progenie de Abraham y Su dependencia de otros para venir en auxilio de Su pueblo cuando se necesita ayuda. Esto fue cierto en el pasado, es cierto ahora y seguirá siéndolo en los tiempos venideros. El profeta Joel escribió acerca de un juicio en el que los gentiles que sobrevivan a la tribulación serán reunidos para una adjudicación basada en cómo trataron a Israel. Por medio del profeta, Dios dijo: «Porque he aquí que en aquellos días, y en aquel tiempo en que haré volver la cautividad de Judá y de Jerusalén, reuniré a todas las naciones, y las haré descender al valle de Josafat, y allí entraré en juicio con ellas a causa de mi pueblo, y de Israel mi heredad, a quien ellas esparcieron entre las naciones, y repartieron mi tierra» (Joel 3:1-2). Jesús habló de este mismo juicio, situándolo en un contexto futuro, cuando enseñó sobre la separación de las ovejas de las cabras.

> Cuando el Hijo del Hombre venga en su gloria, y todos los santos ángeles con él, entonces se sentará en su trono de gloria, y serán reunidas delante de él todas las naciones; y apartará los unos de los otros, como aparta el pastor las ovejas de los cabritos. (Mateo 25:31-32)

¿Cuáles serán los criterios para entrar en el preciado bando de las ovejas? No será complicado. Ese rebaño estará reservado para aquellos que, con sacrificio, dieron lo que pudieron a

Dos pueblos, dos planes, un destino 123

los necesitados. ¿Y quiénes eran esos necesitados? Jesús dijo: «De cierto os digo que en cuanto lo hicisteis a uno de estos mis hermanos más pequeños, a mí lo hicisteis» (versículo 40). Los hermanos de Jesús, también conocidos como los judíos.

Por último, y lo más importante, ora por Israel. Si la guerra continúa cuando leas esto, ora por una pronta paz que garantice la seguridad del pueblo israelí. Ora por sabiduría para nuestros líderes y por protección frente a las fuerzas externas. Ora por la unidad del pueblo, ya que ciertos segmentos del Gobierno y de los medios de comunicación parecen estar haciendo todo lo posible por dividir nuestra nación. Ora por la paz de Jerusalén.

Sobre todo, ora por la salvación del pueblo de Israel. Como mencioné anteriormente en este capítulo, dos de cada tres personas con las que me cruzo en el camino desde las oficinas de CONNECT de Behold Israel hasta mi casa no sobrevivirán a la tribulación. ¡Necesitan al Mesías ahora! Por favor, ora por un avivamiento dentro de mi país, un movimiento del Espíritu Santo antes de que la Iglesia sea arrebatada de esta tierra. Sé que el velo todavía reposa en la mayoría de los corazones, pero estoy seguro de que el Espíritu Santo puede quitar ese velo de cualquier corazón y atraer a esa persona hacia Él.

Así que oren, mis hermanos y hermanas. Sepan que, al derramar sus oraciones de bendición sobre el pueblo de Dios, Él está tomando nota. Por lo tanto, pueden estar seguros de que, así como un padre sonríe con agrado cuando ve a sus hijos amándose unos a otros, el Señor los está observando con gran gozo.

EL DECRETO DE ISRAEL

El Israel de hoy no es diferente del Israel de la Biblia. Es la misma tierra llena del mismo pueblo al que se le han dado las mismas bendiciones. Sin embargo, el mismo enemigo de siempre sigue al acecho, tratando de convencerte de lo contrario. En lugar de caer en su trampa de duda e incertidumbre, celebra al Dios fiel cuyas promesas permanecen para siempre.

NOTAS

1. Justino Mártir, «San Justino: Diálogo con Trifón», *El testigo fiel*, https://www.eltestigofiel.org/index.php?idu=pa_12734.

2. Justino Mártir, «San Justino: Diálogo con Trifón», *El testigo fiel*, https://www.eltestigofiel.org/index.php?idu=pa_12734.

3. San Ireneo, «Contra las Herejías», (libro III, capítulo 21), *Internet Archive*, https://archive.org/details/san-ireneo-contra-las-herejias/mode/2up.

4. Orígenes, «Contra Celso», (libro IV, capítulo 22), *Internet Archive,* https://archive.org/details/origenes.-contra-celso-ocr-1967/page/257/mode/2up.

5. San Juan Crisóstomo, «John Chrysostom (c. 347–407): Eight Homilies Against the Jews, Homily 1», https://www.laits.utexas.edu/bodian/la-john-Chrysostom.html.

6. Fr. Vasile Mihoc, «St Paul and the Jews According to St John Chrysostom's Commentary on Romans 9-11», PDF download, https://www.vanderbilt.edu/AnS/religious_studies/SBL2007/Mihoc.pdf.

7. Martín Lutero, *Sobre los judíos y sus mentiras* (No Book Editorial, 2016).

EL DECRETO DE ISRAEL

8. «Is There Unknown Antisemitism in Your Theology?», *Gateway Center for Israel*, https://centerforisrael.com/article/is-there-unknown-anti-semitism-in-your-theology/.

9. John Piper, «Israel, Palestina y el Medio Oriente», *Gospel Translations*, https://es.gospeltranslations.org/wiki/Israel,_Palestina_y_el_Medio_Oriente.

10. Mark Twain, *Inocentes en el extranjero* (Ediciones del Azar, 2012).

11. Ver https://www.jewishvirtuallibrary.org/the-first-aliyah-1882-1903.

12. Ver https://www.history.com/this-day-in-history/britain-and-france-conclude-sykes-picot-agreement.

13. «La Declaración Balfour», *Center for Israel Education*, https://israeled.org/la-declaracion-balfour/.

14. «San Remo Resolution-Palestine Mandate 1920», *MidEastWeb*, http://mideastweb.org/san_remo_palestine_1920.htm.

15. «The Hamas Covenant», *Israel*, https://embassies.gov.il/holysee/AboutIsrael/the-middle-east/Pages/The%20Hamas-Covenant.aspx.

16. «The Palestine Mandate», *The Avalon Project, Yale Law School*, https://avalon.law.yale.edu/20th_century/palmanda.asp.

17. «Carta de las Naciones Unidas», capítulo XII, artículo 80, *Naciones Unidas*, https://www.un.org/es/about-us/un-charter/chapter-12.

18. «WAFA: "Number of Palestinians worldwide doubled 10 times since Nakba, official figures show"», *IMEMC News*, 15 mayo 2022, https://imemc.org/article/wafa-number-of-palestinians-worldwide-doubled-10-times-since-nakba-official-figures-show.

SOBRE EL AUTOR

Amir Tsarfati nació en una familia judía en la vibrante ciudad de Jerusalén. Comenzó su carrera como vicegobernador de Jericó, donde jugó un papel crucial en las negociaciones de retirada israelí, colocándolo en medio de la compleja historia de la nación. Después de completar su servicio militar, Amir cursó estudios en la Universidad Hebrea de Jerusalén, especializándose en turismo. Su profunda conexión con Israel y su herencia se convirtió en una piedra angular de su vida profesional.

El camino de Amir dio un giro transformador cuando sintió un llamado divino para compartir la importancia de Israel dentro del plan de Dios. En 2001, fundó Behold Israel, combinando su experiencia en turismo con su pasión por la enseñanza. A través de conferencias, visitas a iglesias y un robusto ministerio de enseñanza en línea, sus mensajes han llegado a audiencias de todo el mundo. Como autor, continúa inspirando a muchos con sus perspectivas sobre la historia y la profecía bíblica. Amir vive con su esposa, Miriam, y sus cuatro hijos en un hogar con vistas al valle de Megido, un recordatorio diario de su misión de iluminar las revelaciones de la Biblia sobre los tiempos finales.